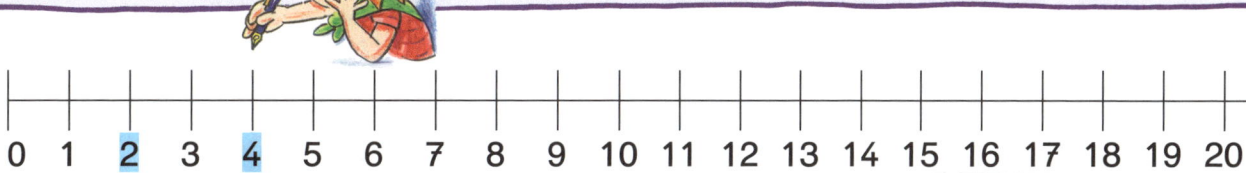

Gerade und ungerade Zahlen

①

```
  0  1  2  3  4  5  6  7  8  9  10  11  12  13  14  15  16  17  18  19  20
```

a) Färbe alle geraden Zahlen blau.
b) Zerlege die geraden Zahlen in 2 gleiche Teile.

2 = *1* + *1*   4 = 2 + _   6 = _ + _   8 = _ + _

10 = _ + _   12 = _ + _   _____   _____

_____   _____

② Rechne. Färbe gerade Zahlen blau, ungerade Zahlen rot.
Färbe auch das Ergebnis.

a) 18 – 6 = ___   b) 19 – 5 = ___   c) 15 – 4 = ___   d) 18 – 9 = ___

16 – 4 = ___   17 – 7 = ___   15 – 6 = ___   18 – 7 = ___

12 – 5 = ___   15 – 5 = ___   15 – 8 = ___   18 – 5 = ___

10 – 3 = ___   11 – 3 = ___   15 – 10 = ___   18 – 3 = ___

Finde die Regeln für die Zahlen:

gerade ⊖ gerade = _____   ungerade ⊖ ungerade = _____

gerade ⊖ ungerade = _____   ungerade ⊖ gerade = _____

③ Richtig oder falsch? Streiche durch und verbessere.

gerade ⊖ gerade	ungerade ⊖ ungerade	ungerade ⊖ gerade
a) 12 – 6 = 6 ✓	b) 17 – 9 = 8 ___	c) 13 – 6 = 7 ___
14 – 4 = ~~9~~ *10*	15 – 9 = 5 ___	11 – 4 = 6 ___
18 – 10 = 8 ___	19 – 13 = 6 ___	15 – 6 = 9 ___
20 – 12 = 7 ___	13 – 5 = 7 ___	17 – 8 = 9 ___
16 – 14 = 3 ___	11 – 9 = 2 ___	13 – 4 = 8 ___
10 – 6 = 4 ___	19 – 11 = 9 ___	19 – 10 = 10 ___

Vorsicht Fehler!

1 Rechenwege

Ich rechne geschickt, dann geht es schneller.

a) Verdoppeln / Nachbaraufgaben

8 + 7 = _____
8 + 8 =

6 + 5 = _____
_____

6 + 7 = _____
_____

8 + 9 = _____
_____

b) Tauschaufgabe

3 + 8 = _____
8 + 3 =

4 + 7 = _____
_____

5 + 8 = _____
_____

3 + 9 = _____
_____

c) Nahe an der 10

4 + 9 = _____
4 + 10 – 1 =

5 + 8 = _____
_____

3 + 8 = _____
_____

6 + 9 = _____
_____

d) Zwischenstopp bei 10

8 + 6 = ___

$\overset{+2}{\frown}$ $\overset{+4}{\frown}$
8   10   14

7 + 5 = ___
_____

6 + 7 = ___
_____

5 + 8 = ___
_____

5 + 7 = ___
_____

7 + 8 = ___
_____

7 + 4 = ___
_____

8 + 4 = ___
_____

8 + 7 = ___
/\
2 5

6 + 9 = ___
/\
__ __

5 + 9 = ___
/\
__ __

8 + 4 = ___
/\
__ __

7 + 6 = ___
/\
__ __

8 + 3 = ___
/\
__ __

6 + 8 = ___
/\
__ __

5 + 8 = ___
/\
__ __

2 Rechne auf deinem Weg.

a) 3 + 9 = ___

8 + 4 = ___

9 + 5 = ___

b) 5 + 6 = ___

9 + 4 = ___

4 + 8 = ___

c) 6 + 8 = ___

8 + 3 = ___

2 + 9 = ___

d) 6 + 9 = ___

5 + 8 = ___

7 + 6 = ___

Inhaltsverzeichnis

Wiederholen und üben
Zahlen zerlegen 2   6
Gerade und ungerade Zahlen 3   7
Vorwärts über die 10 4   8
Rückwärts über die 10 5   9
Rechentürme 6   10–13
Spiele mit 2 Würfeln 7   14/15
Im Hallenbad „Badespaß" 8   16/17

Geometrische Flächen
Flächen und Figuren 9   18/19
Geometrie im Kopf 10   18/19
Spannendes am Geobrett 11   20/21

Die Zahlen bis 100 kennenlernen
Große Mengen leicht gezählt 12   22/23
Zehner und Einer 13   24/25
Das Hunderterfeld 15   26/27
Die Zahlen bis 100 –
Zahlenbaustelle 17   28/29

Lagebeziehungen
Im Klassenraum – Lagebeziehungen 19   30/31
Fotos von allen Seiten 20   32/33

Die Zahlen bis 100 kennenlernen
Auf dem Zahlenstrahl 21   34/35
Den Zahlen bis 100 auf der Spur . . 22   36/37
Wandern in der Hundertertafel 23   38/39
Bist du fit? ① 24   40/41

Längen
Mit Messgeräten messen 25   44/45

Rechenwege: ⊕
Aufgaben bis 100 26   46/47
Plusaufgaben bis 100 27   48/49
Plusaufgaben bis 100 üben 28   50/51

Parkette
Schöne Parkette 31   52/53
Vom Quadrat zum Riesenrochen . . 32   52/53

Rechenwege: ⊖
Minusaufgaben bis 100 33   54/55
Wir ordnen Minusaufgaben 34   56/57
Minusaufgaben bis 100 35   56/57
Übung macht den Meister ⊕ 37   58/59
Übung macht den Meister ⊖ 38   60/61
Bist du fit? ② 39   62/63

Sachrechnen / Kalender
Lesen – fragen – rechnen 40   64/65
Im Kalender 41   66/67
Kinder, wie die Zeit vergeht 43   68/69

Geometrische Körper
Geometrische Körper 44   70/71
Würfel, Quader und Kugel 45   72/73

Rechnen mit Geld
Euro und Cent 46   76/77
Einkaufen und bezahlen 48   78/79
Preise mit Komma und Strich 49   80/81
Bist du fit? ③ 50   82/83

Malnehmen und Teilen
Malnehmen 51   84/85
Malaufgaben im Hunderterfeld 52   86/87
Quadrataufgaben verändern 53   88/89
Verdoppeln ist auch Malnehmen . . 54   90/91
Malaufgaben mit 10 55   92
Malaufgaben mit 5 56   93
Einmaleinstraining 57   94/95

Wege und Pläne
Wege auf dem Spielplatz 59   96/97
Würfelgebäude und Pläne 60   98/99

Malnehmen und Teilen
Verteilen 61   100/101
Aufteilen 62   102/103
Malnehmen und Teilen
gehören zusammen 63   104/105
Drei Zahlen – vier Aufgaben 64   106
Zahlen verzaubern 65   107
Mach dir ein Bild vom Malnehmen . 66   108/109
Mach dir ein Bild vom Teilen 67   110/111
Bist du fit? ④ 68   112/113

Längen und Strecken
Messen mit dem Lineal 69   114/115
Messergebnisse darstellen 70   114/115
Rechnen mit Metern und
Zentimetern 71   116/117

Denken, knobeln, rechnen
Auf dem Planeten der Mathener . . . 72   120/121

Rechnen mit Zeit und Geld
Zeitspannen 73   122/123
Der Uhr auf der Spur 74   124/125
Rechengeschichten 76   126/127
Frisches aus der Zauberküche 77   128/129

Spiegelsymmetrie
Spiegelungen 78   130/131

Rund ums Sachrechnen
Schaubilder 79   132/133
Zahlenrätsel 80   134/135
Für Zahlenzauberer und
Rechenkünstler 81   136/137

Bist du fit? ⑤ Abschied von
der 2. Klasse
. . . . 82   138/139

Basiswissen:
Die Zahlen bis 100 84
Plus und minus bis 100 85
Malnehmen 86
Teilen 87
Geld und Uhrzeit 88
Längen 89
Sachaufgaben und
Rechengeschichten 90
Körper, Flächen und Muster 91
Schaubilder 92

1 Wie wurde zerlegt?
Schreibe die Rechnungen auf.

a)

10 = _5_ + ___

b)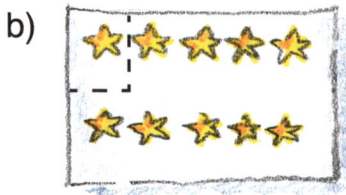

10 = _1_ + ___

c)

10 = ___ + ___

d)

10 = ___ + ___

e)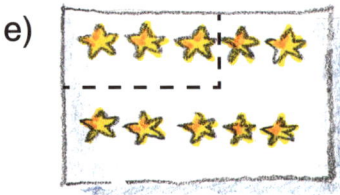

10 = ___ + ___

f)

10 = ___ + ___

2 Immer 20. Wie wurde hier zerlegt?
Schreibe die Rechnungen auf.

a)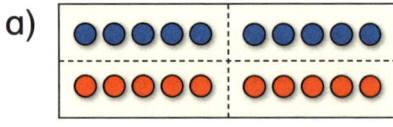

20 = 10 + ___

b)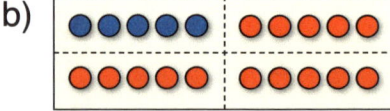

20 = 5 + ___

c)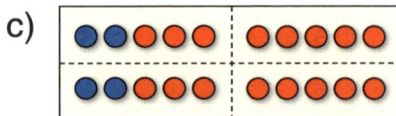

20 = 4 + ___

d)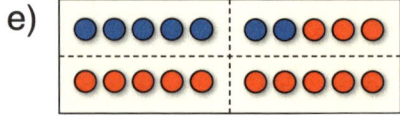

20 = ___ + ___

e)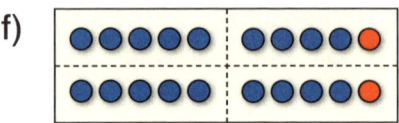

20 = ___ + ___

f)

20 = ___ + ___

3 Ergänze.

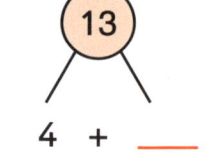 13

4 + ___

___ + 7

10 + ___

___ + 11

___ + 5

 17

8 + ___

___ + 7

3 + ___

___ + 0

6 + ___

 19

11 + ___

6 + ___

___ + 4

2 + ___

___ + 9

  20

5 + 5 + ___

___ + 6 + 7

3 + ___ + 11

8 + ___ + 8

___ + 6 + 9

① Rechenwege

Auch bei minus kann man geschickt rechnen.

a) Die Hälfte

$12 - 6 = \underline{}$ $10 - 5 = \underline{}$ $20 - 10 = \underline{}$ $14 - 7 = \underline{}$

$18 - 9 = \underline{}$ $16 - 8 = \underline{}$ $8 - 4 = \underline{}$ $22 - 11 = \underline{}$

b) Nahe an der 10

$14 - 9 = \underline{}$ $16 - 9 = \underline{}$ $13 - 9 = \underline{}$ $17 - 9 = \underline{}$

$14 - 10 + 1 = \underline{}$

$15 - 9 = \underline{}$ $11 - 9 = \underline{}$ $18 - 9 = \underline{}$ $12 - 9 = \underline{}$

c) Zwischenstopp bei 10

$13 - 7 = \underline{6}$ $13 - 5 = \underline{}$ $14 - 5 = \underline{}$ $11 - 4 = \underline{}$

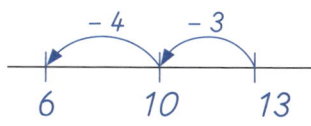

$12 - 5 = \underline{}$ $15 - 8 = \underline{}$ $11 - 6 = \underline{}$ $16 - 7 = \underline{}$

$13 - 6 = \underline{}$ $12 - 7 = \underline{}$ $15 - 7 = \underline{}$ $12 - 8 = \underline{}$
   /\   /\   /\   /\
  3   3

$17 - 8 = \underline{}$ $11 - 6 = \underline{}$ $15 - 6 = \underline{}$ $12 - 5 = \underline{}$
   /\   /\   /\   /\

② Rechne auf deinem Weg.

a) $12 - 9 = \underline{}$ b) $11 - 6 = \underline{}$ c) $13 - 8 = \underline{}$ d) $18 - 9 = \underline{}$

$13 - 6 = \underline{}$ $17 - 9 = \underline{}$ $11 - 3 = \underline{}$ $11 - 8 = \underline{}$

$10 - 5 = \underline{}$ $12 - 8 = \underline{}$ $15 - 9 = \underline{}$ $12 - 6 = \underline{}$

1 Rechentürme ⊕ : Suche die Aufgaben mit dem Ergebnis 10.
Rechne dann die anderen Aufgaben.

4 + 3 =	4 + 4 =	4 + 5 =
5 + 3 =	5 + 4 =	5 + 5 =
6 + 3 =	6 + 4 =	6 + 5 =
7 + 3 =	7 + 4 =	7 + 5 =
8 + 3 =	8 + 4 =	8 + 5 =

2 + 6 =	2 + 7 =	2 + 8 =
3 + 6 =	3 + 7 =	3 + 8 =
4 + 6 =	4 + 7 =	4 + 8 =
5 + 6 =	5 + 7 =	5 + 8 =
6 + 6 =	6 + 7 =	6 + 8 =

2 Rechentürme ⊖ : Suche die Aufgaben mit dem Ergebnis 10.
Rechne dann die anderen Aufgaben.

12 − 4 =		
13 − 4 =	13 − 5 =	
14 − 4 =	14 − 5 =	14 − 6 =
15 − 4 =	15 − 5 =	15 − 6 =
16 − 4 =	16 − 5 =	16 − 6 =

15 − 7 =	15 − 8 =	15 − 9 =
16 − 7 =	16 − 8 =	16 − 9 =
17 − 7 =	17 − 8 =	17 − 9 =
18 − 7 =	18 − 8 =	18 − 9 =
19 − 7 =	19 − 8 =	19 − 9 =

3 Nachbaraufgaben: Finde die fehlenden Zahlen und Aufgaben. Rechne.

5 + 5 =	5 + 6 =	5 + 7 =
6 + 5 =	6 + 6 =	6 + =
7 + 5 =	7 + =	7 + 7 =

8 + 8 =		
	9 + 9 =	
		10 + 10 =

4 Nachbaraufgaben: Finde die fehlenden Zahlen und Aufgaben. Rechne.

14 − 7 =	14 − =	14 − =
15 − =	15 − 8 =	15 − =
16 − =	16 − =	16 − 9 =

11 − 5 =		
	12 − 6 =	
		13 − 7 =

5 Rechne. Finde geschickte Lösungswege.

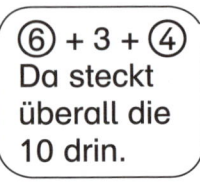

⑥ + 3 + ④
Da steckt
überall die
10 drin.

a) 6 + 3 + 4 = _____

8 + 6 + 2 = _____

1 + 5 + 5 = _____

9 + 8 + 1 = _____

7 + 2 + 8 = _____

b) 3 + 4 + 6 = _____

2 + 7 + 3 = _____

7 + 5 + 3 = _____

4 + 1 + 9 = _____

5 + 3 + 5 = _____

c) 14 − 2 − 4 = _____

17 − 3 − 7 = _____

16 − 9 − 6 = _____

15 − 7 − 5 = _____

11 − 6 − 1 = _____

1 a) Elias wählt beim Spiel mit 2 Würfeln die Ergebniszahl 9.
   Mit welchen Würfelergebnissen erreicht er 9? Zeichne die Würfelpunkte.

b) Clara wählt die Ergebniszahl 6.

c) Wer hat die größere Gewinnchance? Trage ein und streiche durch.

   Zur Ergebniszahl ___ gibt es mehr/weniger Zerlegungen.

   Deshalb hat ___ die größeren Gewinnchancen.

2 Spiele mit 2 Würfeln.
Welche Sätze stimmen? Kreuze an.

Deine Tabelle hilft dir. Schau ins Buch.

a) ☐ Es ist unmöglich, das Ergebnis 12 zu würfeln.

   ☐ Das Ergebnis 2 ist wahrscheinlicher als das Ergebnis 6.

   ☐ Das Ergebnis 7 zu würfeln ist sicher.

   ☐ Das Ergebnis 20 zu würfeln ist unmöglich.

b) ☐ Das Würfelergebnis ist sicher gerade.

   ☐ Es ist möglich, ein gerades Würfelergebnis zu bekommen.

   ☐ Es ist unwahrscheinlicher, ein gerades Ergebnis zu bekommen, als 9.

   ☐ Es ist wahrscheinlicher, ein ungerades Ergebnis zu bekommen als ein zweistelliges.

⭐ c) Was ist wahrscheinlicher: Ein gerades Ergebnis oder das Ergebnis 8? Begründe.

_____

_____

_____

Öffnungszeiten

Mo	12 – 19 Uhr
Di – So	10 – 20 Uhr

Eintrittspreise

Tageskarte

Kinder	2 €
Erwachsene	4 €

10er-Karte

Kinder	10 €
Erwachsene	20 €

① Kreuze richtige Aussagen an.

☐ Am Montag hat das Schwimmbad 8 Stunden geöffnet.

☐ Am Mittwoch hat das Bad länger geöffnet als am Montag.

☐ Am Montag kann Andi ab 11 Uhr schwimmen.

☐ Eine Karte für Erwachsene ist doppelt so teuer wie eine Karte für Kinder.

☐ Eine Zehnerkarte für Kinder ist genauso teuer wie 5 Tageskarten für Kinder.

☐ Eine Zehnerkarte für Erwachsene ist teurer als eine Zehnerkarte für Kinder.

② Finde Fragen und Antworten.

Andi ist gerade im Hallenbad angekommen. Er darf drei Stunden bleiben.

F: _____

A: _____

Franz geht nach Hause. Er war vier Stunden im Schwimmbad.

F: _____

A: _____

Monika ist vor zwei Stunden angekommen. Sie wird in drei Stunden abgeholt.

Finde mindestens 2 Fragen.

F1: _____

F2: _____

A1: _____

A2: _____

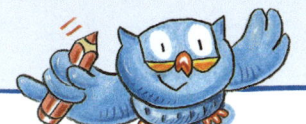

Flächen und Figuren

① Zeichne die △, ▭, ○ und □ nach.
Wähle für jede Form eine andere Farbe.

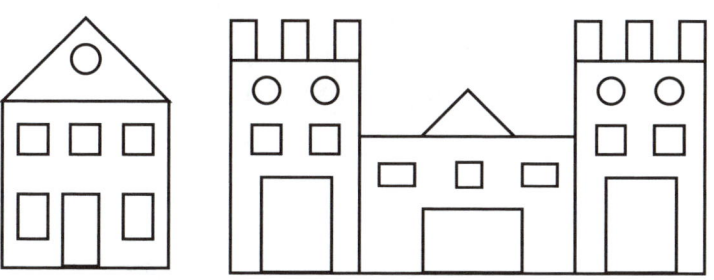

	△	○	□	▭
Haus	1			
Burg				

② Schneide das □, die △ △ und die ▭ ▭ unten aus.
Lege die Flächen mit den Formen aus. Trage in die Tabelle ein.

△	□	▭

△	□	▭

△	□	▭

△	□	▭

△	□	▭

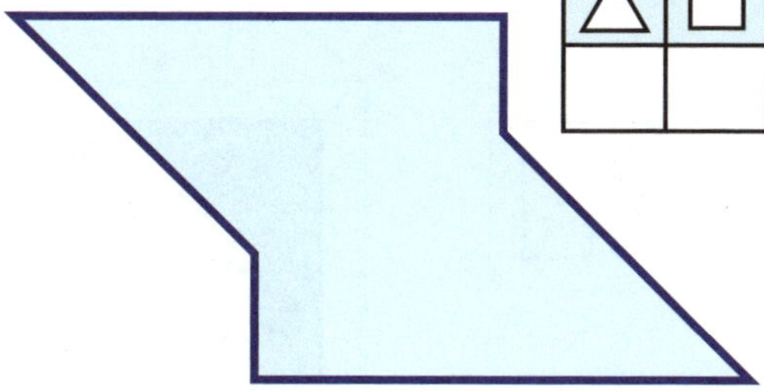

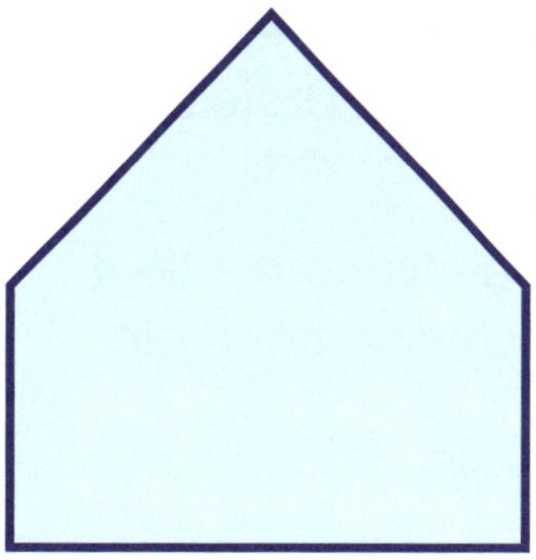

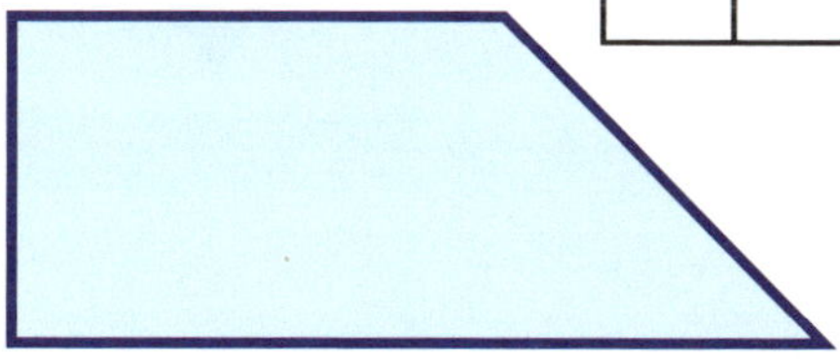

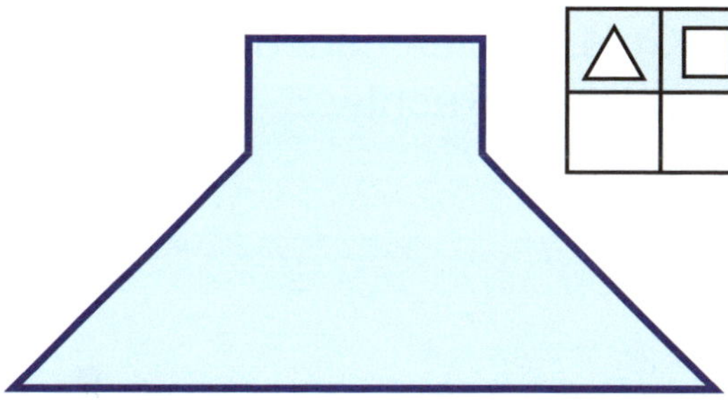

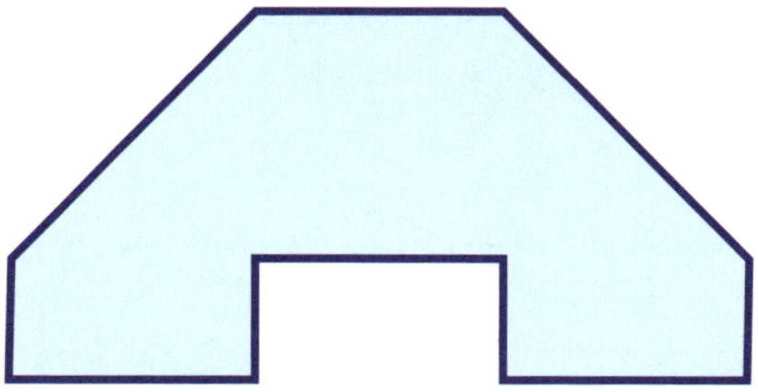

Lege noch weitere Figuren.

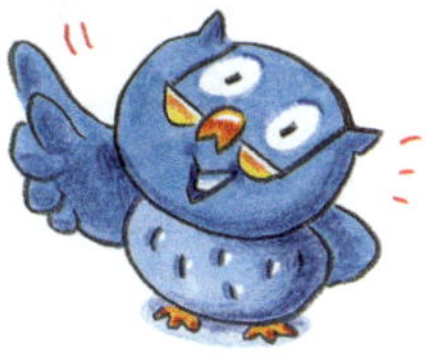

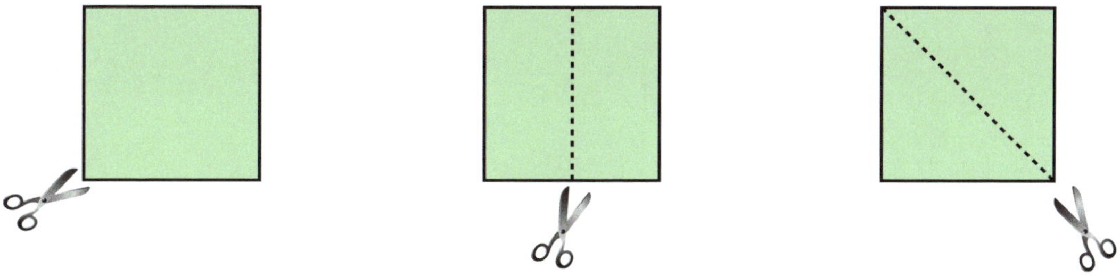

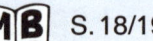

1 Verbinde den Text mit dem passenden Bild.

Ein Quadrat liegt zwischen zwei Dreiecken.

Links und rechts sind Dreiecke, in der Mitte liegt ein Kreis.

In einem Dreieck liegt ein Kreis. In dem Kreis siehst du ein Quadrat.

An allen vier Seiten eines Quadrats findest du Dreiecke.

Unterhalb eines Quadrats liegt zuerst ein Rechteck, dann ein Dreieck.

In einem Quadrat siehst du einen Kreis. Rechts neben dem Quadrat ist ein Rechteck.

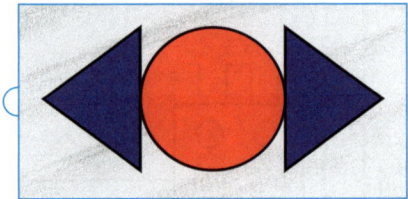

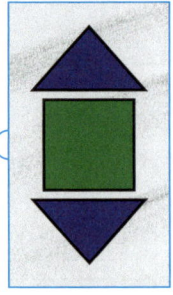

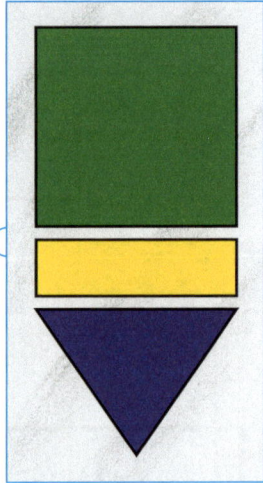

  2

Zeichne ein Rechteck. Zeichne dann 2 Linien so ein, dass das Rechteck in 3 Dreiecke zerteilt wird.

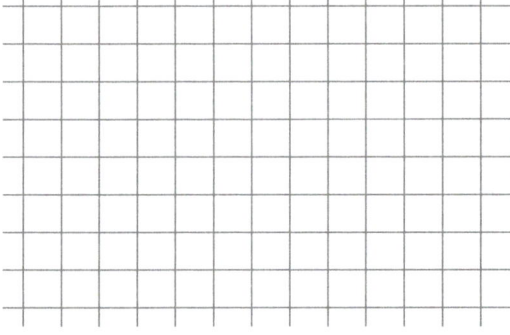

① Spanne einen Gummi ein. Mache aus den Rechtecken …

2 Quadrate	2 Dreiecke	2 Rechtecke

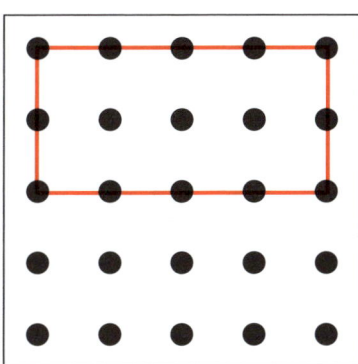 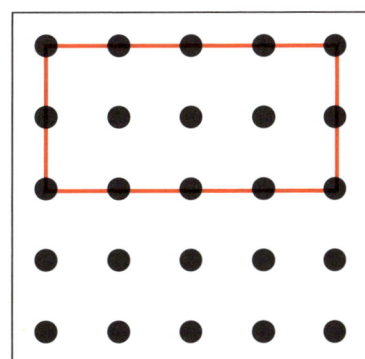 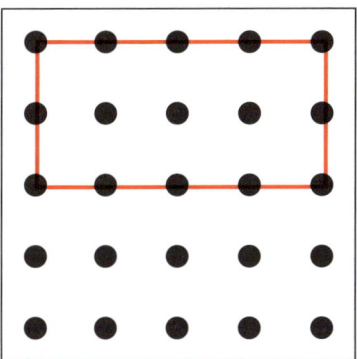

② Spanne zwei Gummis ein. Mache aus dem Quadrat …

4 Quadrate	4 Dreiecke	4 Rechtecke

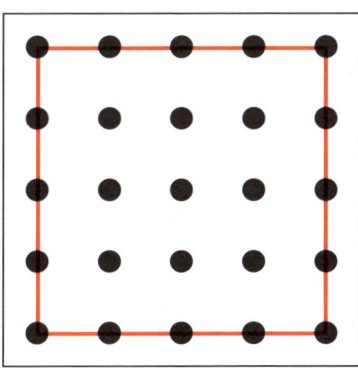 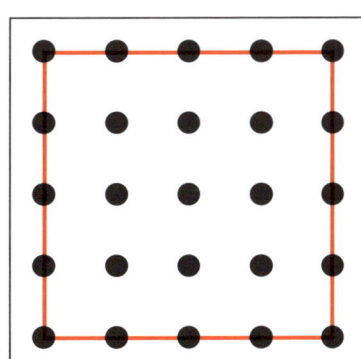 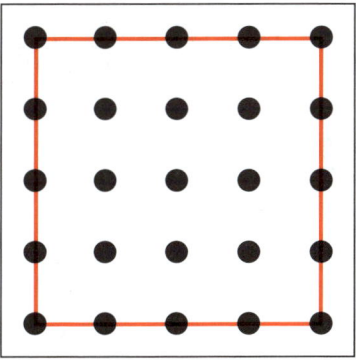

③ Spanne die Figuren nach. Miss die Größe in kleinen Quadraten ☐.

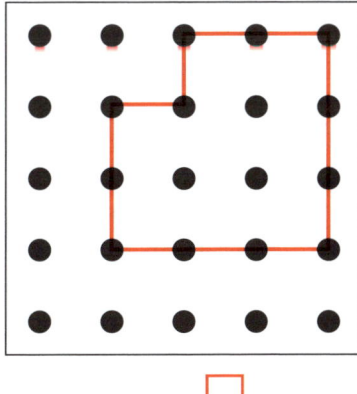 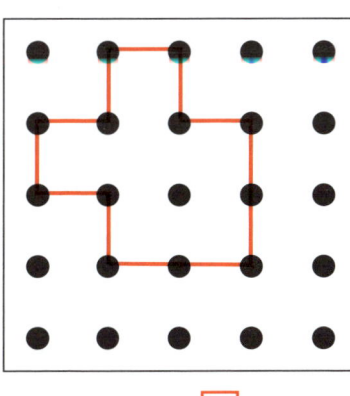

＿ ☐   ＿ ☐   ＿ ☐

④ Überlege zuerst: Was entsteht, wenn du die Punkte verbindest? Überprüfe dann.

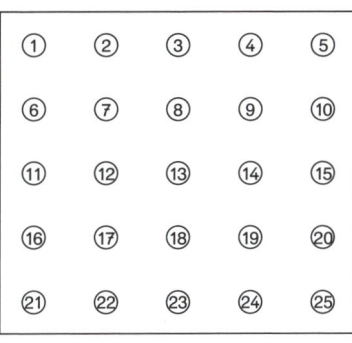 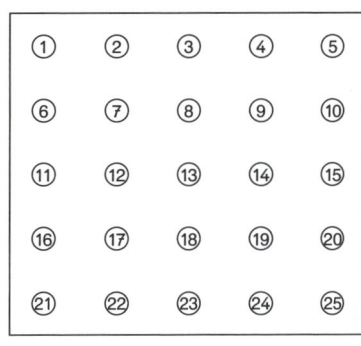 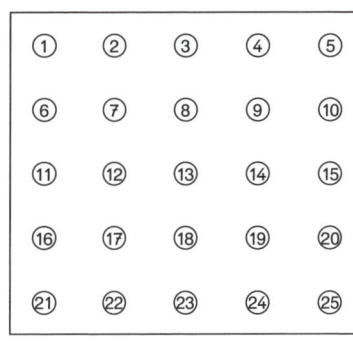

1, 16, 19, 4   11, 3, 15, 23   6, 2, 20, 24

 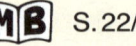
1 Wie viele Zehner – wie viele Einer? Kreise ein und schreibe auf.

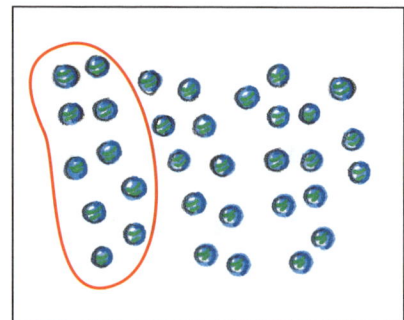

Z	E

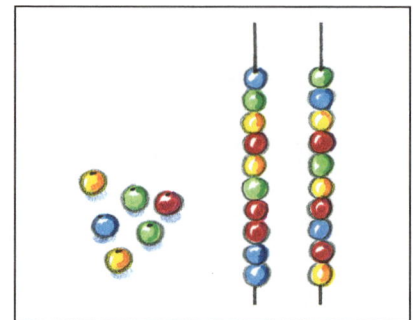

Z	E

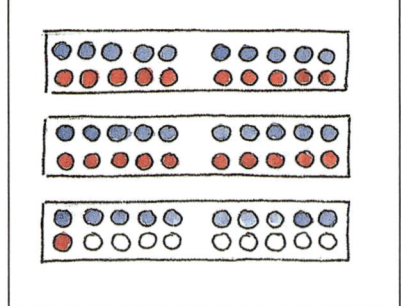

Z	E

Z	E

Z	E

Z	E

2 Male an.

a)
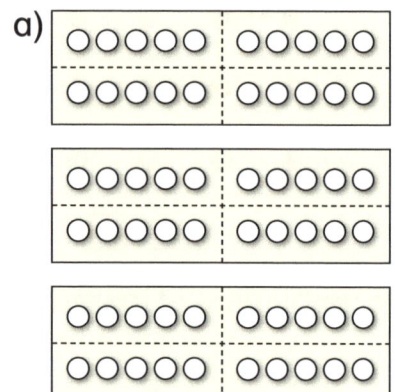

Z	E
4	3

b)

Z	E
5	6

c)

Z	E
3	7

d)

Z	E
2	9

① Trage ein.

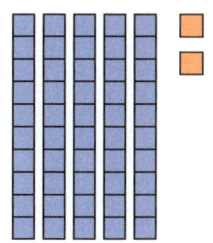 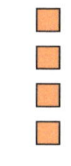 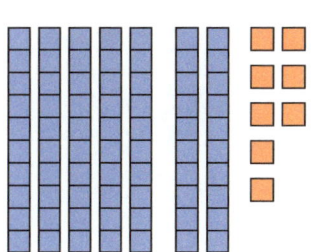  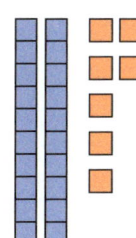

Z	E

Z	E

Z	E

Z	E

Z	E

② a) Trage ein. Lies die Zahlen.

Z	E
6	7

Z	E

Z	E

Z	E

Z	E

b) Lies die Zahlen. Zeichne.

Z	E
3	6

Z	E
9	1

Z	E
5	5

Z	E
6	3

Z	E
1	9

c) Wie heißen diese Zahlen? Zeichne und trage ein.

3 4   7 5   1 7   4 9   2 0

Z	E

Z	E

Z	E

Z	E

Z	E

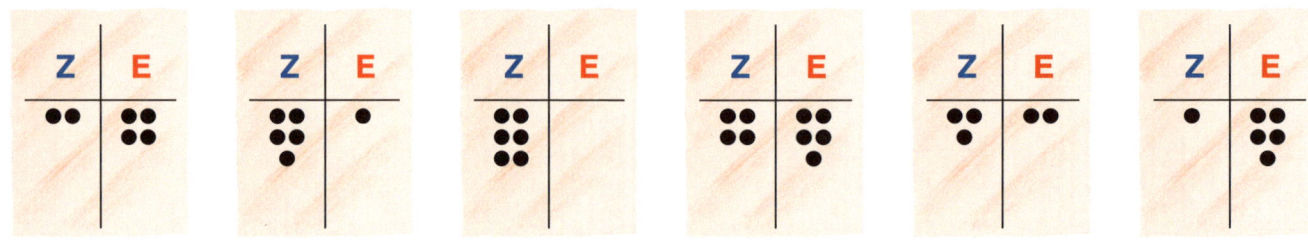
1 Schreibe diese Zahlen auf.

Z	E
••	•• ••

—

Z	E
•• ••	•

—

Z	E
•• ••	•• ••

—

Z	E
••	•• ••

—

Z	E
••	••

—

Z	E
•	•• ••

—

2 Zeichne in die Stellenwerttafeln jeweils 1 Plättchen dazu.
Welche Zahlen entstehen? Schreibe auf.

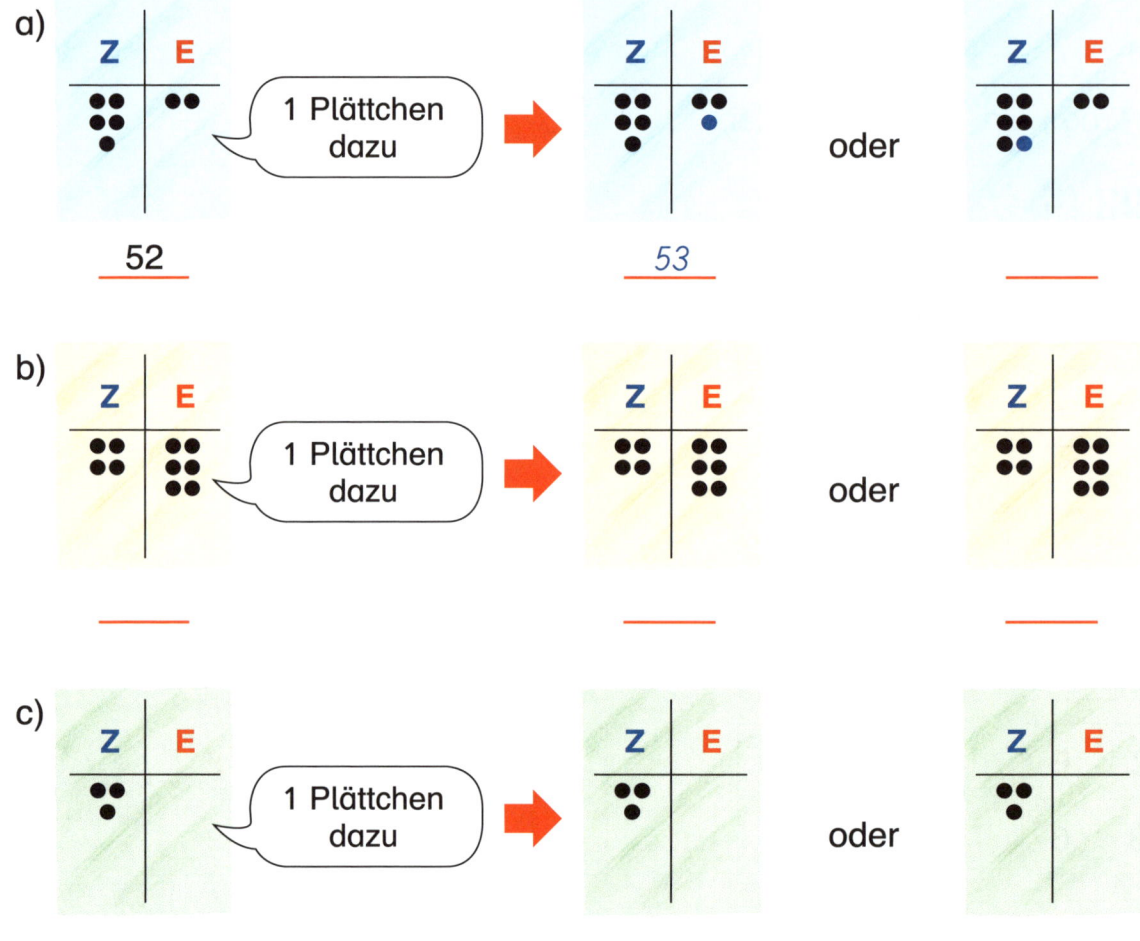

a)

52   53   ___

b)

___   ___   ___

c)

___   ___   ___

⭐ **3** Du hast 5 Plättchen. Zeichne sie in die Stellenwerttafeln.
Welche Zahlen entstehen? Schreibe auf. Findest du alle Möglichkeiten?

Z	E

—

Z	E

—

Z	E

—

Z	E

—

Z	E

—

Z	E

—

14

① Welche Rechnungen sind hier dargestellt?

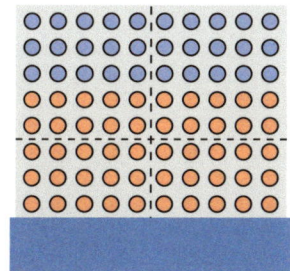

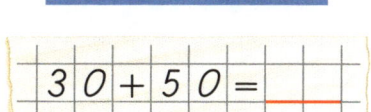

$3\,0 + 5\,0 =$

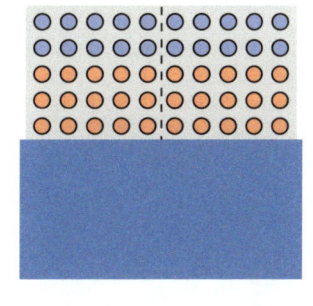

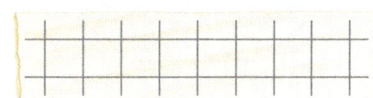

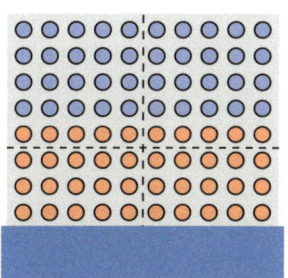

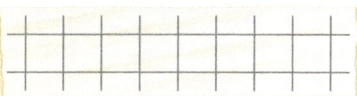

② Rechne und finde die letzte Aufgabe.

a) $10 + 20 = \underline{\quad}$

$20 + 20 = \underline{\quad}$

$30 + 20 = \underline{\quad}$

$40 + 20 = \underline{\quad}$

$\underline{\quad} + \underline{\quad} = \underline{\quad}$

b) $10 + 90 = \underline{\quad}$

$20 + 80 = \underline{\quad}$

$30 + 70 = \underline{\quad}$

$40 + 60 = \underline{\quad}$

$\underline{\quad} + \underline{\quad} = \underline{\quad}$

c) $20 + \underline{\quad} = 30$

$\underline{\quad} + 20 = 40$

$20 + 30 = \underline{\quad}$

$20 + \underline{\quad} = 60$

$\underline{\quad} + \underline{\quad} = \underline{\quad}$

d) $50 - 10 = \underline{\quad}$

$50 - 20 = \underline{\quad}$

$50 - 30 = \underline{\quad}$

$50 - 40 = \underline{\quad}$

$\underline{\quad} - \underline{\quad} = \underline{\quad}$

e) $90 - 50 = \underline{\quad}$

$80 - 40 = \underline{\quad}$

$70 - 30 = \underline{\quad}$

$60 - 20 = \underline{\quad}$

$\underline{\quad} - \underline{\quad} = \underline{\quad}$

f) $90 - \underline{\quad} = 30$

$80 - 50 = \underline{\quad}$

$\underline{\quad} - 40 = 30$

$60 - 30 = \underline{\quad}$

$\underline{\quad} - \underline{\quad} = \underline{\quad}$

③ Immer zwei Zahlen ergeben zusammen 100. Färbe sie gleich ein.

0	10	20	30	40	50	60	70	80	90	100

④ a) Immer 100

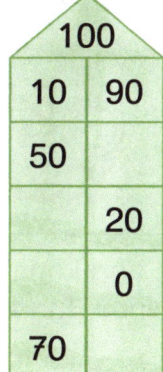

b) Immer 80

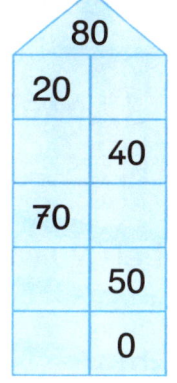

c) Immer 90

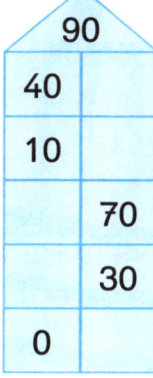

S. 26/27

① Wie heißen die aufgedeckten Zahlen?

a)
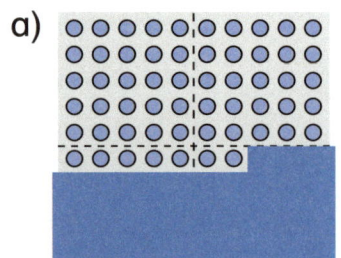 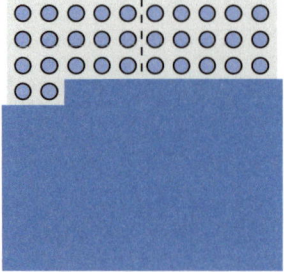 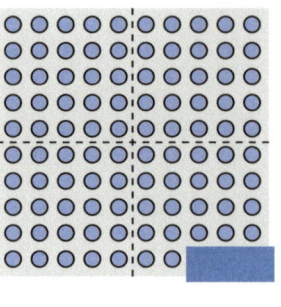 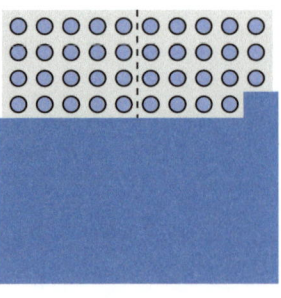

_____ _____ _____ _____

b)
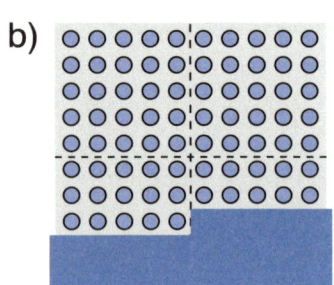  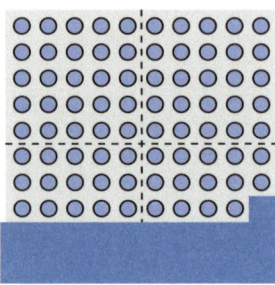 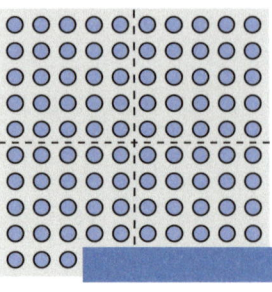

_____ _____ _____ _____

② Färbe im Hunderterfeld.

a)
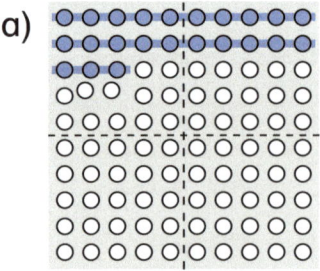 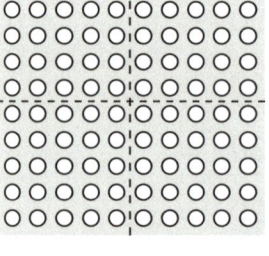 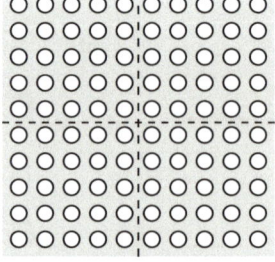 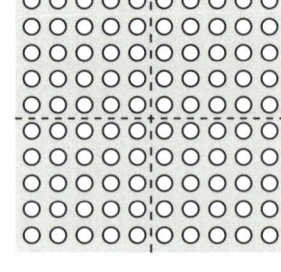

23 55 69 43

b)
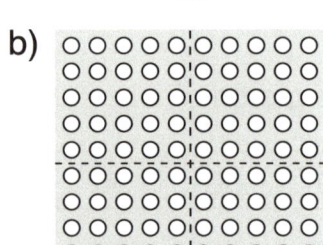 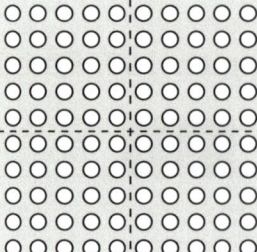 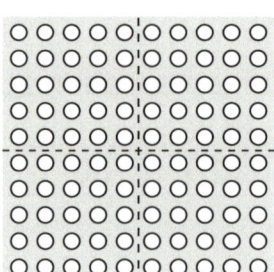 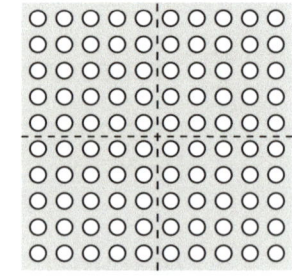

68 46 87 25

③ Wie viele Punkte sind bei ① jeweils verdeckt? Schreibe auf.

a) 43, ___, ___, ___. b) ___, ___, ___, ___.

④ Wie viele Punkte hast du bei ② weiß gelassen? Schreibe auf.

a) 77, ___, ___, ___. b) ___, ___, ___, ___.

Zeige und kontrolliere an deiner Hundertertafel.

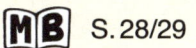
① Welche Karten gehören zusammen? Färbe und ergänze.

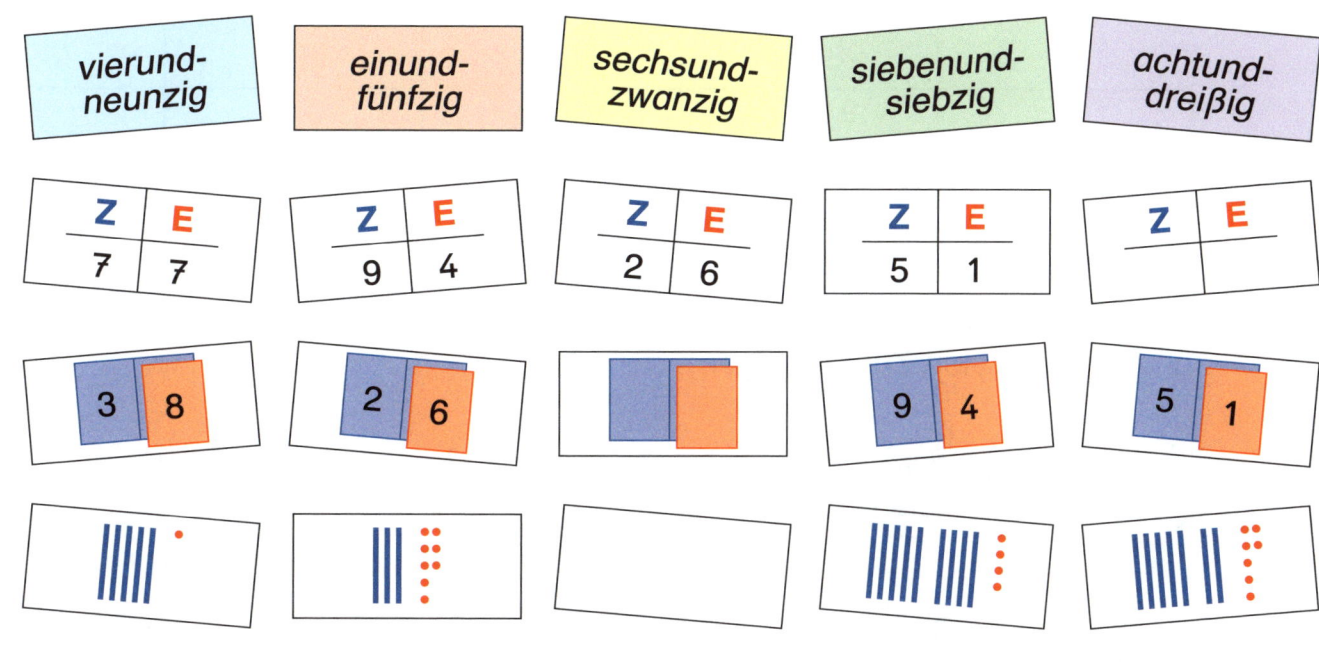

vierund-
neunzig

einund-
fünfzig

sechsund-
zwanzig

siebenund-
siebzig

achtund-
dreißig

② Wie heißen diese Zahlen? Schreibe sie auf.

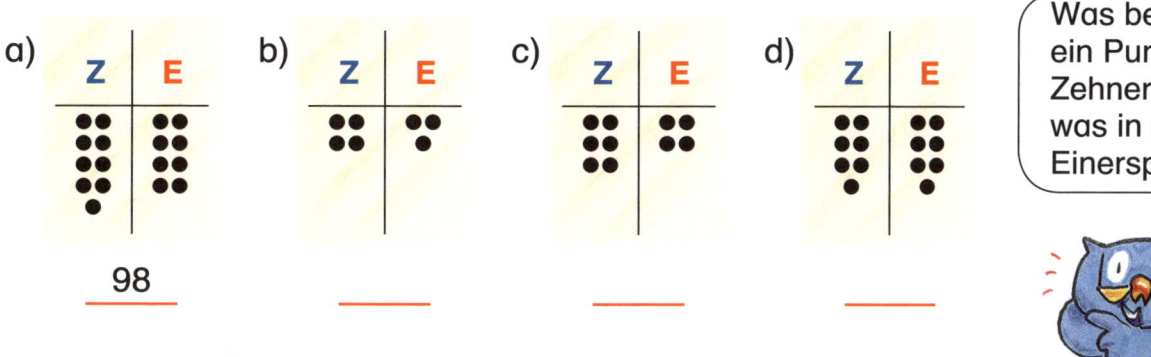

a) 98   b) ____   c) ____   d) ____

> Was bedeutet ein Punkt in der Zehnerspalte, was in der Einerspalte?

③ Zeichne diese Zahlen.

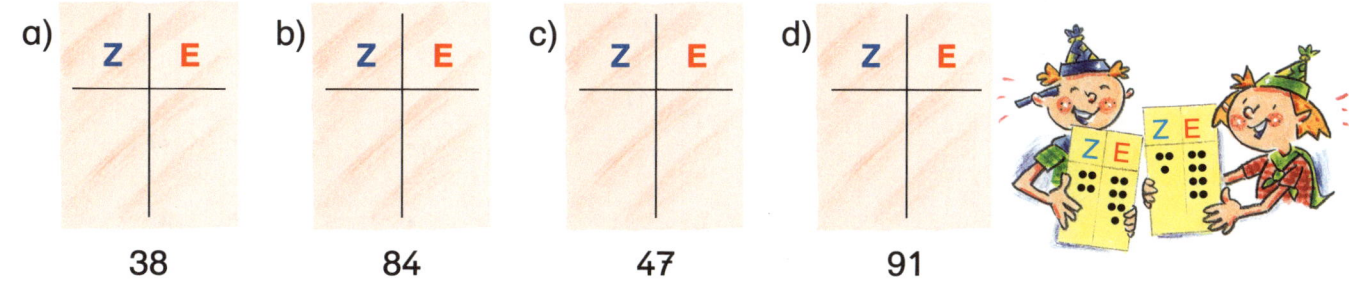

a) 38   b) 84   c) 47   d) 91

④ Bilde alle möglichen Zahlen: 2 5 6 9

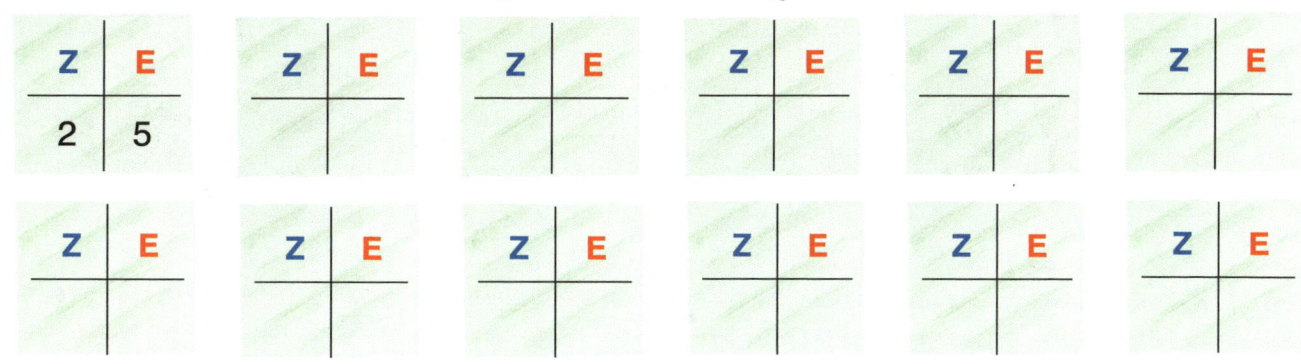

Z 2 | E 5

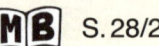

Verbinde die Zahlen der Reihe nach mit den verschiedenen Farben.

rot	orange	braun	grün	blau
1 – 8	9 – 12 13 – 17 18 – 22 23 – 27	28 – 35 36 – 40 83 – 86 87 – 90	41 – 69	70 – 82

Wenn du bei einer roten Zahl angekommen bist, musst du absetzen und zur nächsten Zahl springen.

> Du kannst das Bild schön bunt anmalen.

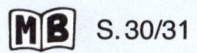
Unsere Klasse 2a

1 Was stimmt? Streiche das falsche Wort durch.

Das Buch liegt auf / unter dem Pult.

Die Hundertertafel hängt über / neben dem Schrank.

Der Papierkorb steht rechts / links von der Tafel.

Die Bücher stehen oben / unten im Schrank.

2 Ergänze: neben vor hinter zwischen über unter auf

Die Hefte liegen _____ den Tischen.

Der Ranzen steht _____ dem Tisch.

Die Ordner stehen im Schrank _____ den Pinseln und den Büchern.

Die Lehrerin sitzt _____ dem Pult.

Ein Kind steht _____ der Tafel.

 3 Male in das Bild …

… ein Haus auf die rechte Tafelseite.

… einen roten Ball unter das Waschbecken.

… ein Kind links neben das Pult.

Welche Kamera hat welche Fotos gemacht?

1

2

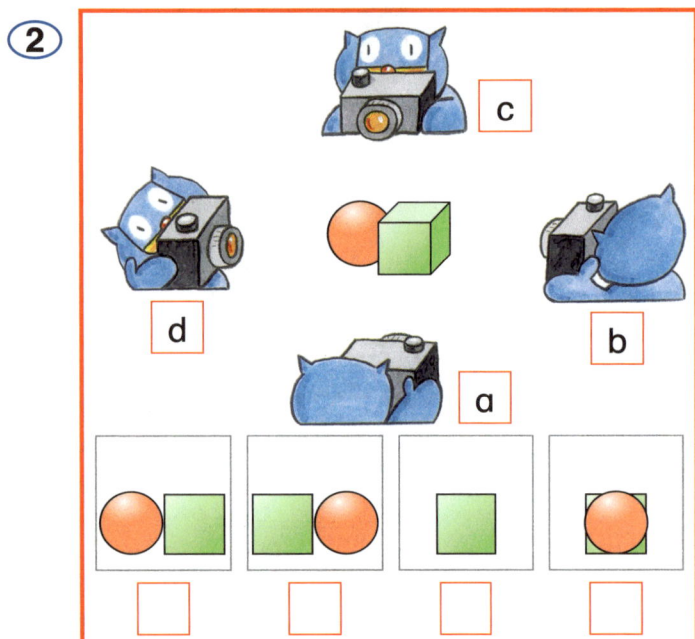

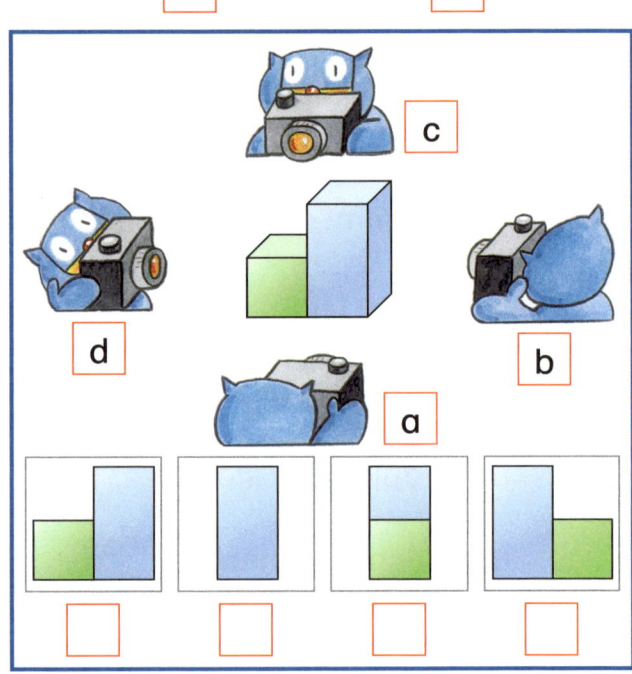

3

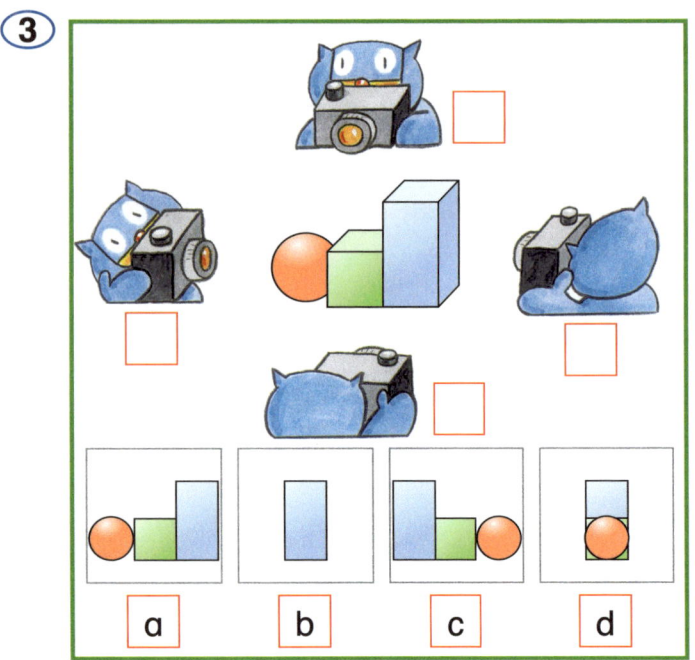

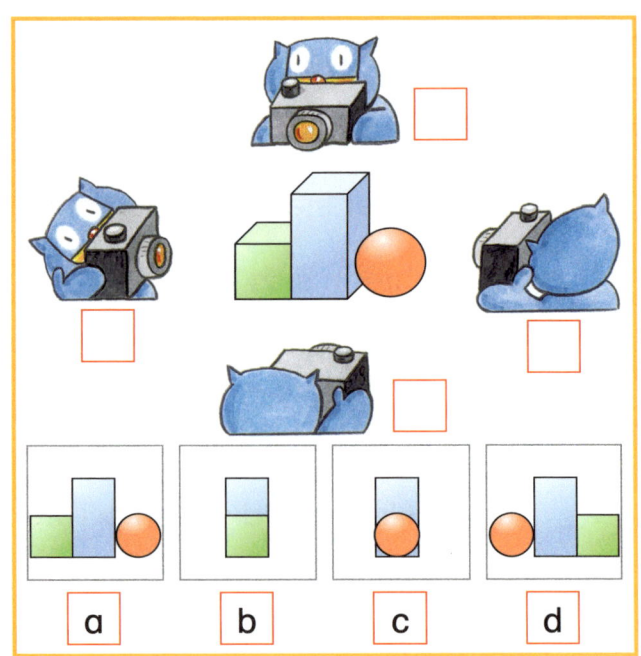

Auf dem Zahlenstrahl

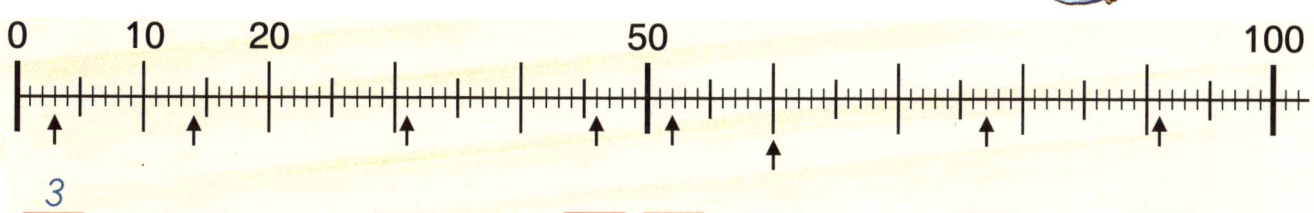

0   10   20   50   100

3 ____   ____   ____   ____   ____   ____   ____

1 Trage am Zahlenstrahl ein:
a) alle Zehnerzahlen bis 100 (blau),
b) alle Zahlen mit 5 Einern: 5, 15, 25, 35, … (rot),
c) Wie heißen die Zahlen, auf die die Pfeile zeigen?

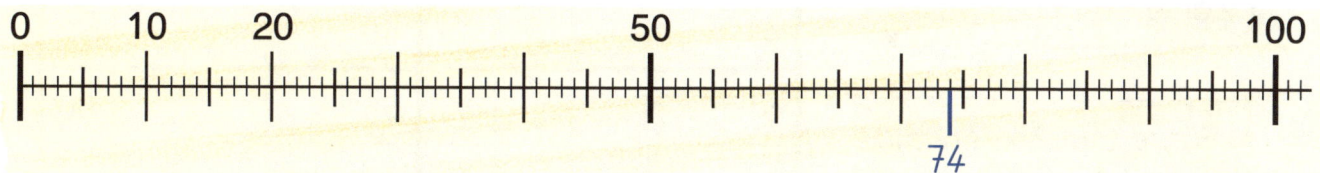

0   10   20   50   100

74

2 a) Trage diese Zahlen in den Zahlenstrahl ein:
74, 81, 43, 69, 24, 96, 13, 58, 33

b) Ordne die Zahlen der Größe nach. Beginne mit der kleinsten Zahl.

13, _____

3 $<$, $>$ oder $=$?

a) 89 ◯ 68   b) 72 ◯ 27   c) 70 ◯ 69   d) 23 ◯ 62
 23 ◯ 32   73 ◯ 73   75 ◯ 57   36 ◯ 63
 46 ◯ 98   89 ◯ 86   43 ◯ 34   43 ◯ 54

4 Nachbarzahlen

a) 27 28 29   b) ___ 31 ___   c) 58 59 60   d) ___ 40 ___
 ___ 29 ___   ___ 61 ___   ___ 29 ___   ___ 20 ___
 ___ 30 ___   ___ 81 ___   ___ 79 ___   ___ 90 ___

5 Ergänze die Zahlenfolgen. Der Zahlenstrahl kann helfen.

a) 20, 21, 22, ___, ___, ___, 26   b) 27, 37, 47, ___, ___, ___, 87
c) 100, 99, 98, ___, ___, ___, 94   d) 93, 92, 91, ___, ___, ___, 87

e) 5, 10, 15, ___, ___, ___, 35   f) 40, 45, 50, ___, ___, ___, 70
g) 42, 44, 46, ___, ___, ___, 54   h) 76, 73, 70, ___, ___, ___, 58
i) 79, 77, 75, ___, ___, ___, 67   j) 44, 48, 52, ___, ___, ___, 68

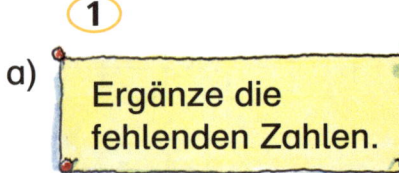

1

a) Ergänze die fehlenden Zahlen.

b) Kreise alle Zahlen mit 0 Einern blau ein.

c) Färbe alle ungeraden Zahlen orange.

d) Färbe alle Zahlen mit 2 Zehnern gelb.

e) Färbe alle Zahlen mit 5 Zehnern grün.

f) Kreise alle Zahlen mit zwei gleichen Ziffern lila ein.

1	2	3	4	5	6	7	8	9	10
11	12			15				19	20
21		23		25			28		30
31			34	35		37			40
41				45	46				50
51				55	56				60
61			64	65		67			70
71		73		75			78		80
81	82			85				89	90
91	92	93	94	95	96	97	98	99	**100**

2 Ausschnitte aus der Hundertertafel:
Welche Zahlen fehlen hier? Trage sie ein.

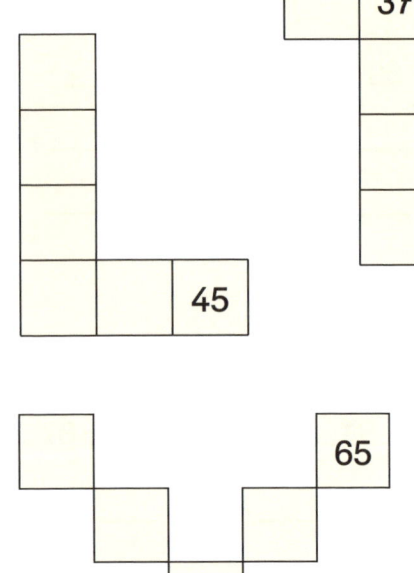

45

37

65

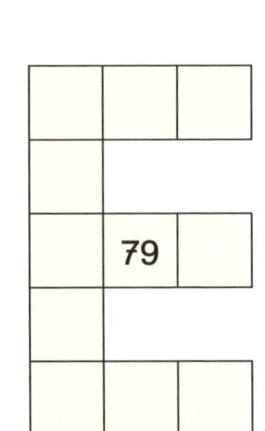

79

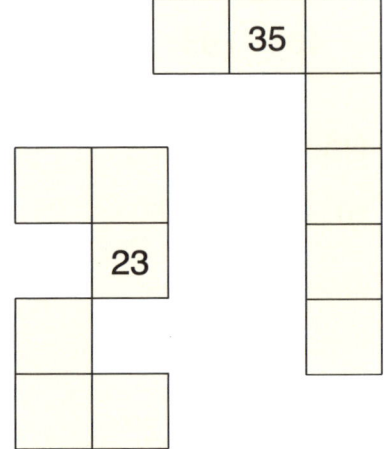

35

23

90

Wandern in der Hundertertafel

1 Wandere in der Hundertertafel.
a) Erkläre die Schilder:

1	2	3	4	5	6	7	8	9	10
									20
						27			30
									40
		42							50
									60
		63							70
									80
							88		90
									100

 heißt $(+1)$  heißt $\bigcirc$

 heißt $\bigcirc$ heißt $\bigcirc$

b) Wandere nun von Zahlen in den Kreisen jeweils einen Schritt in alle Richtungen.
Trage die erreichten Zahlen ein.

2 Trage die fehlenden Zahlen ein.

a) $(+1)$

35	*36*
45	
55	
65	
75	

22	
74	
86	
39	
47	

b)  (-1)

13	14
	24
	34
	44
	54

	60
	92
	59
	87
	26

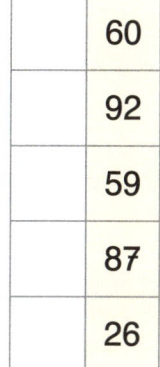

3 Trage die fehlenden Zahlen ein.

a) $(+10)$

22	23	24	25	26
32				

b) (-10)

55				
65	66	67	68	69

4 Rechne.

a) $32 + 1 = \underline{\quad}$ b) $98 - 1 = \underline{\quad}$ c) $53 + 2 = \underline{\quad}$

$32 + 10 = \underline{\quad}$ $98 - 10 = \underline{\quad}$ $53 - 2 = \underline{\quad}$

$55 + 2 = \underline{\quad}$ $67 - 3 = \underline{\quad}$ $53 + 20 = \underline{\quad}$

$55 + 20 = \underline{\quad}$ $67 - 30 = \underline{\quad}$ $53 - 20 = \underline{\quad}$

© Oldenbourg, Zahlenzauber 2 AH

23

① Verbinde kleine und große Aufgaben und rechne.

3 + 6 = ___	15 − 2 = ___		9 − 7 = ___	19 − 7 = ___
5 − 2 = ___	18 + 2 = ___		6 − 4 = ___	12 + 6 = ___
8 + 2 = ___	13 + 6 = ___		2 + 6 = ___	16 − 4 = ___

②

Zahl	18	16	20	12				4	
die Hälfte				6	4	7	5	3		1

③ Trage ein oder zeichne.

Z	E

Z	E

Z	E
3	2

Z	E
5	4

Z	E
7	0

④ Setze die Zahlenfolgen fort.

a) 19, 22, 25, ___, ___, ___, 37   b) 100, 98, 96, ___, ___, ___, 88

⑤ a) 20 + 50 = ___   b) 67 − 30 = ___   c) 40 + 4 = ___
    20 + 5 = ___   67 − 3 = ___   40 + 44 = ___
    20 + 55 = ___   67 − 33 = ___   40 − 4 = ___
    25 + 50 = ___   67 − 7 = ___   40 − 14 = ___

⑥ Zahlenmauern

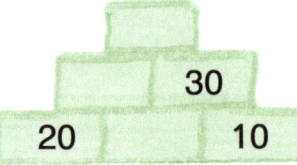 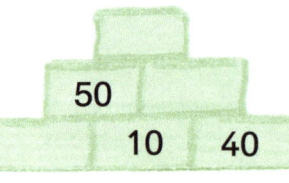 

⑦ Wie heißen die Zahlen?

Meine Zahl hat 8 Zehner und halb so viele Einer.

Meine Zahl hat eine 7 und eine Null.

Meine Zahl hat 6 Zehner und 5 Einer.

___   ___   ___

Mit Messgeräten messen

① Schätze die Länge und miss dann genau nach.
Beim Schätzen hilft die Daumenbreite.

a)

b)

c)

d)

e)

	geschätzt	gemessen	Unterschied
a)			
b)			
c)			
d)			
e)			

② Diese Tiere sind verkleinert dargestellt.
Wie groß sind die Tiere wirklich? Zeichne.

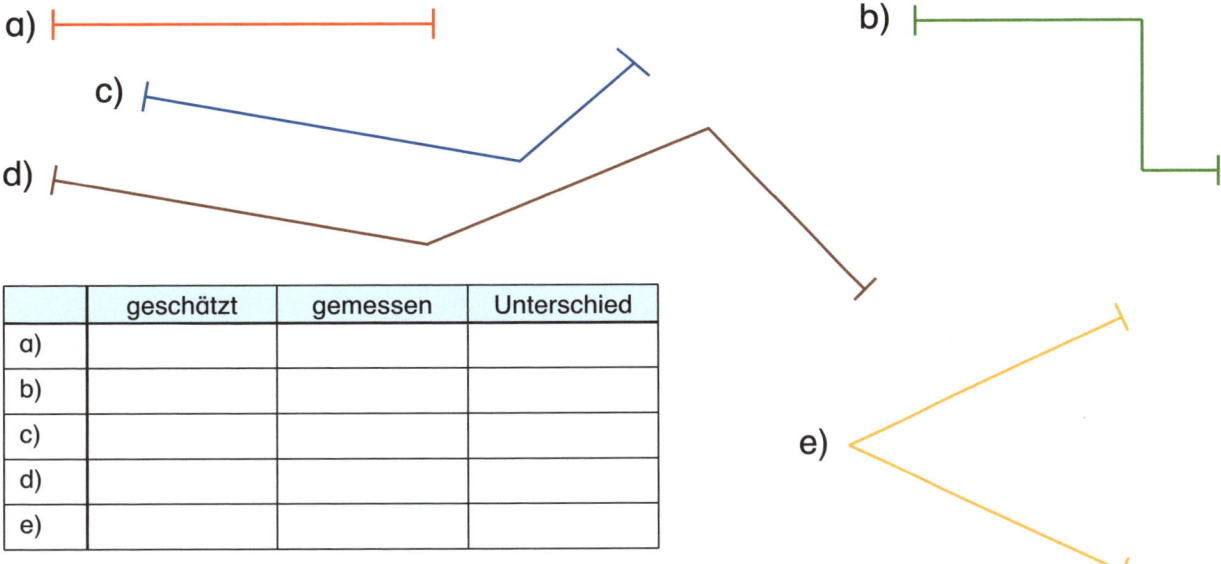

Perlmuttfalter: 4 cm

Bei Schmetterlingen und Libellen wird die Flügelspannweite gemessen, bei Käfern und Raupen die Körperlänge.

Roter Scheckenfalter: 3 cm

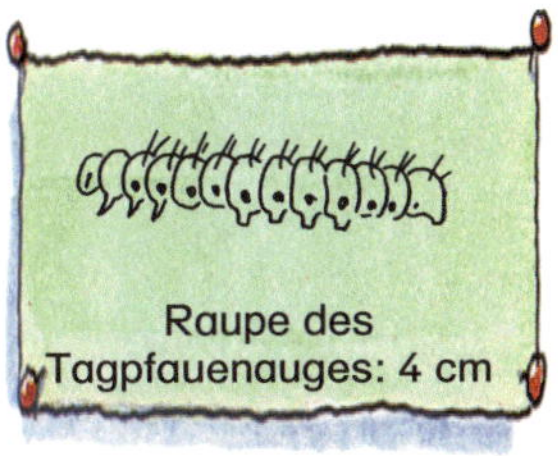

Raupe des Tagpfauenauges: 4 cm

Tagpfauenauge: 6 cm

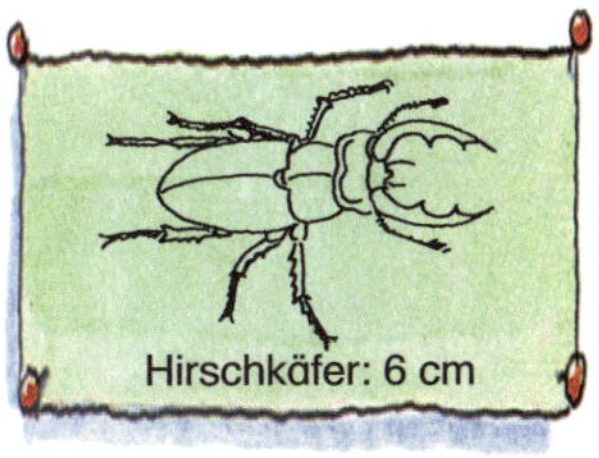

Hirschkäfer: 6 cm

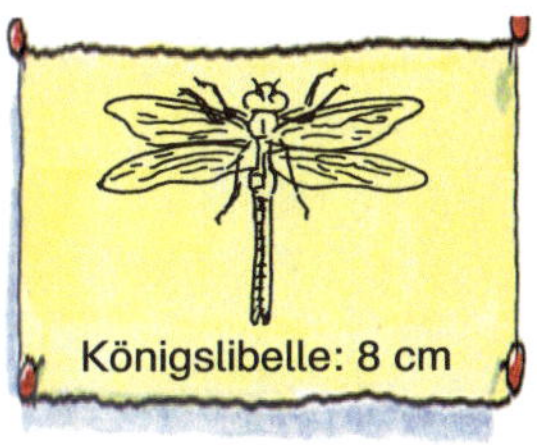

Königslibelle: 8 cm

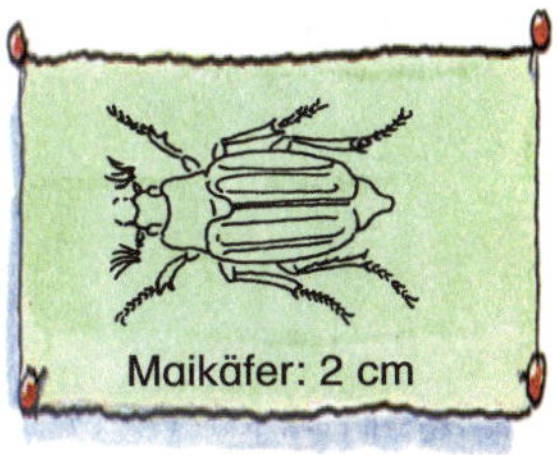

Maikäfer: 2 cm

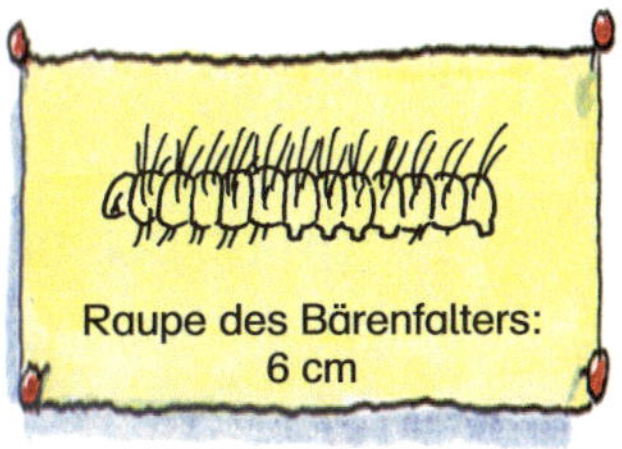

Raupe des Bärenfalters: 6 cm

1 Zeichne und rechne.

a) 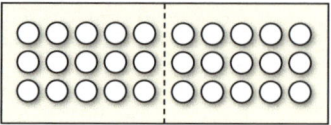 $9 + 6 =$ ___

b) $12 - 4 =$ ___

$29 + 6 =$ ___

$22 - 4 =$ ___

2 Rechne die kleine und die große Aufgabe.

a) $7 + 5 =$ ___

$37 + 5 =$ ___

b) $8 + 7 =$ ___

$48 + 7 =$ ___

c) $13 - 7 =$ ___

$53 - 7 =$ ___

d) $11 - 6 =$ ___

$31 - 6 =$ ___

3 Setze die Reihe fort.

a) $6 + 3 =$ ___

$16 + 3 =$ ___

$26 + 3 =$ ___

$36 + 3 =$ ___

___

___

___

b) $9 - 8 =$ ___

$19 - 8 =$ ___

$29 - 8 =$ ___

$39 - 8 =$ ___

___

___

___

c) $8 + 6 =$ ___

$18 + 6 =$ ___

$28 + 6 =$ ___

$38 + 6 =$ ___

___

___

___

d) $11 - 6 =$ ___

$21 - 6 =$ ___

$31 - 6 =$ ___

$41 - 6 =$ ___

___

___

___

Da fallen mir noch mehr Aufgaben ein.

4 a) $14 + 30 =$ ___

$14 + 32 =$ ___

$14 + 36 =$ ___

b) $88 - 40 =$ ___

$88 - 41 =$ ___

$88 - 45 =$ ___

c) $3 + 50 =$ ___

$3 + 52 =$ ___

$3 + 56 =$ ___

d) $79 - 60 =$ ___

$79 - 63 =$ ___

$79 - 69 =$ ___

Ergänze passende Aufgaben.

e) $27 + 50 =$ ___

$27 +$ _____

$27 +$ _____

f) $66 - 20 =$ ___

$66 -$ _____

$66 -$ _____

g) $15 + 30 =$ ___

$15 +$ _____

$15 +$ _____

h) $99 - 40 =$ ___

$99 -$ _____

$99 -$ _____

Plusaufgaben bis 100

1 Auf die Einer kommt es an.
Rechne.

a)
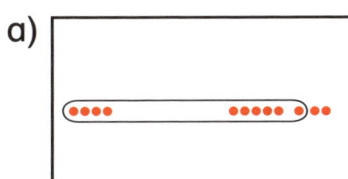 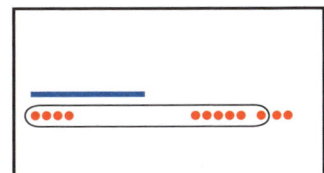 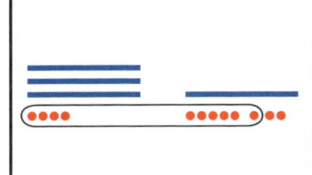

4 + 8 = ___   14 + 8 = ___   34 + 18 = ___

b)
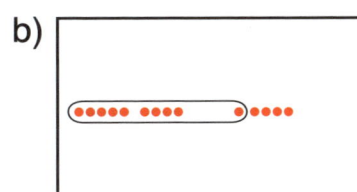 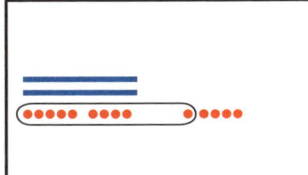 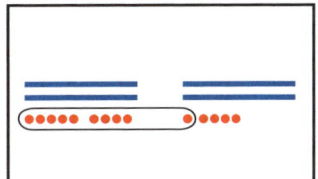

9 + 5 = ___   29 + 5 = ___   29 + 25 = ___

c)

6 + 7 = ___   16 + 7 = ___   36 + 17 = ___

Schau dir die Einer zuerst an.

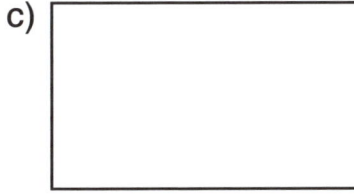  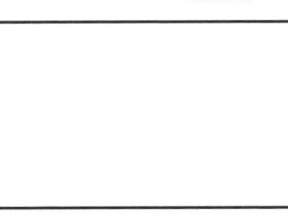

2 Welche kleine Aufgabe hilft?
Rechne immer beide Aufgaben.

73 + 9 = ___   89 + 4 = ___   87 + 5 = ___   37 + 8 = ___

3 + *9* = ___   __ + _ = ___   __ + _ = ___   __ + _ = ___

46 + 7 = ___   56 + 6 = ___   28 + 3 = ___   66 + 9 = ___

__ + _ = ___   __ + _ = ___   __ + _ = ___   __ + _ = ___

3 Rechne und finde die nächsten Aufgaben.

a) 36 + 3 = ___   b) 44 + 4 = ___   c) 53 + 5 = ___

36 + 13 = ___   44 + 14 = ___   53 + 15 = ___

36 + 23 = ___   44 + 24 = ___   53 + 25 = ___

36 + ___ = ___   44 + ___ = ___   53 + ___ = ___

36 + ___ = ___   44 + ___ = ___   53 + ___ = ___

___ + ___ = ___   ___ + ___ = ___    ___ + ___ = ___

___ + ___ = ___   ___ + ___ = ___   ___ + ___ = ___

 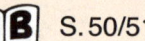

① So?   Oder so?   Oder so?   Oder?

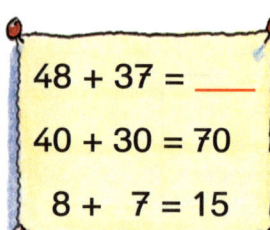

48 + 37 = ___
40 + 30 = 70
8 + 7 = 15

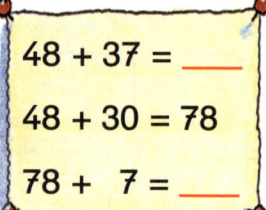

48 + 37 = ___
48 + 30 = 78
78 + 7 = ___

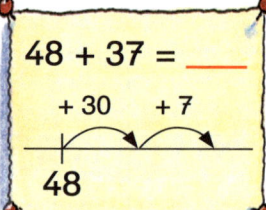

48 + 37 = ___
+30   +7
48

Rechne auf deinem Weg.

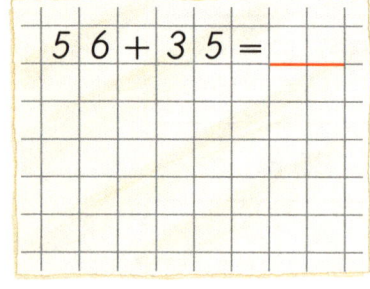

5 6 + 3 5 =

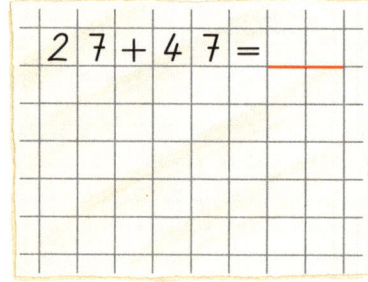

2 7 + 4 7 =

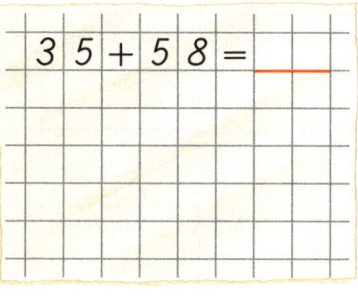

3 5 + 5 8 =

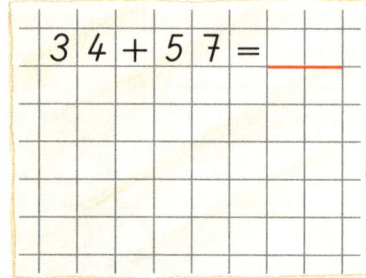

3 4 + 5 7 =

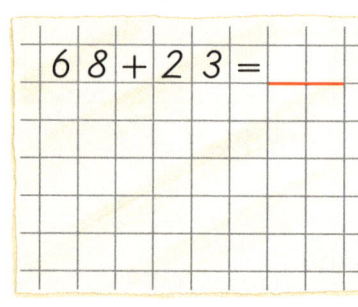

6 8 + 2 3 =

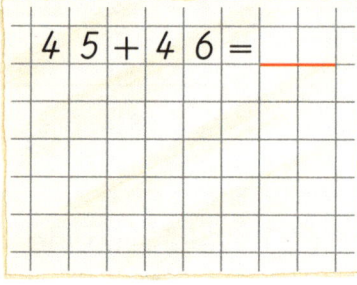

4 5 + 4 6 =

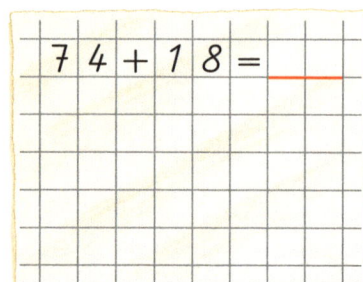

7 4 + 1 8 =

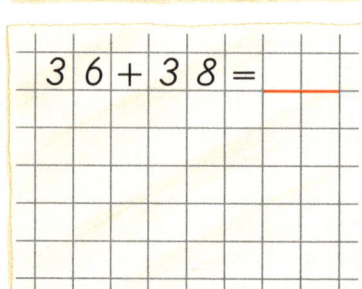

3 6 + 3 8 =

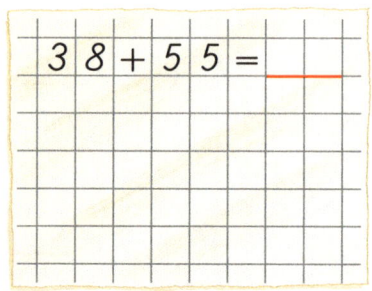

3 8 + 5 5 =

② Rechne mit der Ergebniszahl weiter.

a)
7 + 8 = _15_
59 + 19 = ___
15 + 16 = ___
31 + 28 = ___
78 + 22 = ___

Ziel: 100

b)
6 + 7 = ___
31 + 16 = ___
96 + 3 = ___
47 + 49 = ___
13 + 18 = ___

Ziel: 99

c)
9 + 8 = ___
17 + 18 = ___
62 + 19 = ___
81 + 19 = ___
35 + 27 = ___

Ziel: 100

① Welche Stelle ändert sich jeweils?
Überlege und rechne.

a) 36 + 3 = ____   23 + 5 = ____   15 + 4 = ____   12 + 7 = ____

36 + 30 = ____   23 + 50 = ____   15 + 40 = ____   12 + 70 = ____

36 + 33 = ____   23 + 55 = ____   15 + 44 = ____   12 + 77 = ____

b) 16 + 2 = ____   33 + 6 = ____   45 + 3 = ____   32 + 5 = ____

16 + 20 = ____   33 + 60 = ____   45 + 30 = ____   32 + 50 = ____

16 + 22 = ____   33 + 66 = ____   45 + 33 = ____   32 + 55 = ____

② Nahe beim vollen Zehner: Denke an Eulalias Tipp.

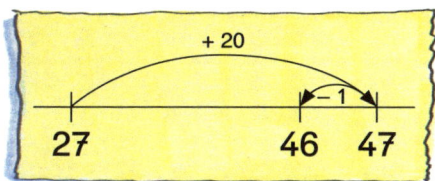

27 + 19 = ____
27 + 20 − 1 = ____

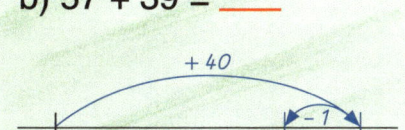

a) 45 + 29 = ____

45 ____ 75

b) 57 + 39 = ____

57 ____ ____

c) 24 + 59 = ____

24

d) 26 + 49 = ____

26

e) 63 + 19 = ____

63

f) 17 + 69 = ____

17

g) 48 + 39 = ____

48

h) 54 + 29 = ____

54

⭐ i) 66 + 39 = ____

66

① Beginne in jedem Päckchen mit der Aufgabe, die für dich am leichtesten ist. Rahme sie ein.

Aufgaben mit Zehnerzahlen sind einfach.

a) 56 + 30 = ___
56 + 29 = ___
56 + 28 = ___

b) 19 + 39 = ___
19 + 40 = ___
19 + 38 = ___

c) 47 + 18 = ___
47 + 19 = ___
47 + 20 = ___

d) 69 + 24 = ___
70 + 24 = ___
68 + 24 = ___

e) 40 + 48 = ___
38 + 48 = ___
39 + 48 = ___

f) 78 + 17 = ___
80 + 17 = ___
79 + 17 = ___

② Rechne auf deinem Weg

45 + 27 = ___

63 + 18 = ___

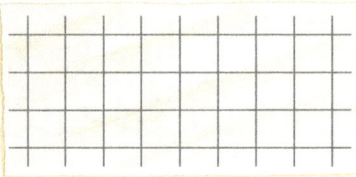

56 + 34 = ___

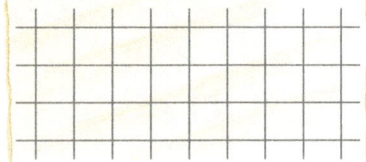

32 + 44 = ___

57 + 16 = ___

28 + 61 = ___

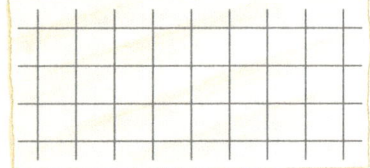

79 + 23 = ___

43 + 28 = ___

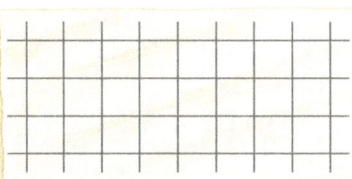

46 + 39 = ___

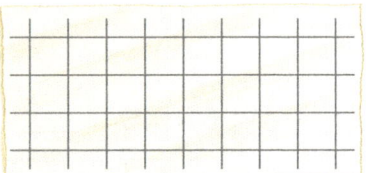

58 + 35 = ___

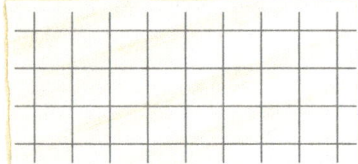

62 + 38 = ___

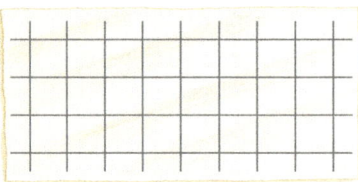

26 + 73 = ___

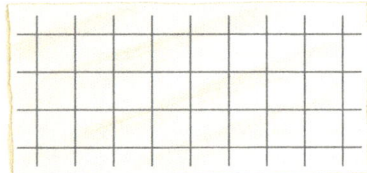

37 + 26 = ___

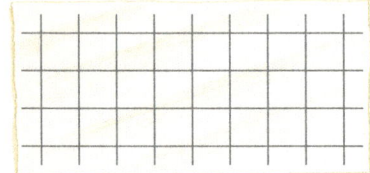

68 + 25 = ___

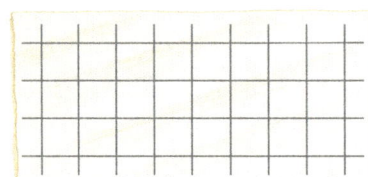

52 + 48 = ___

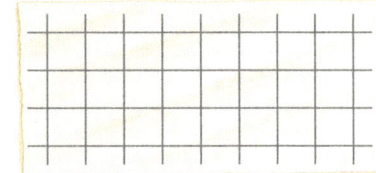

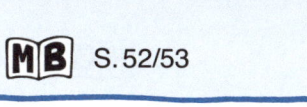

① Zeichne weiter.

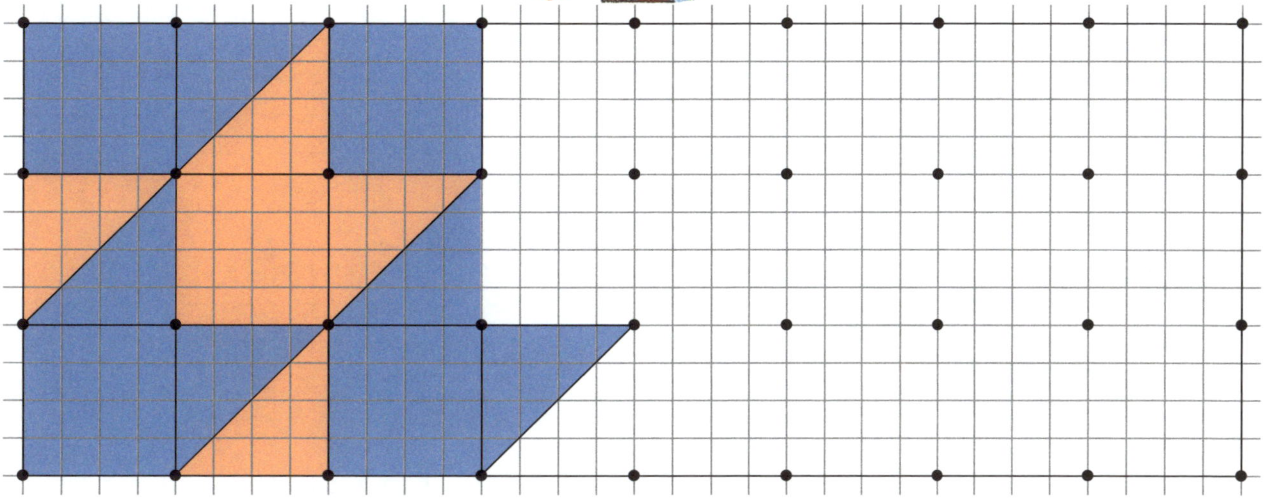

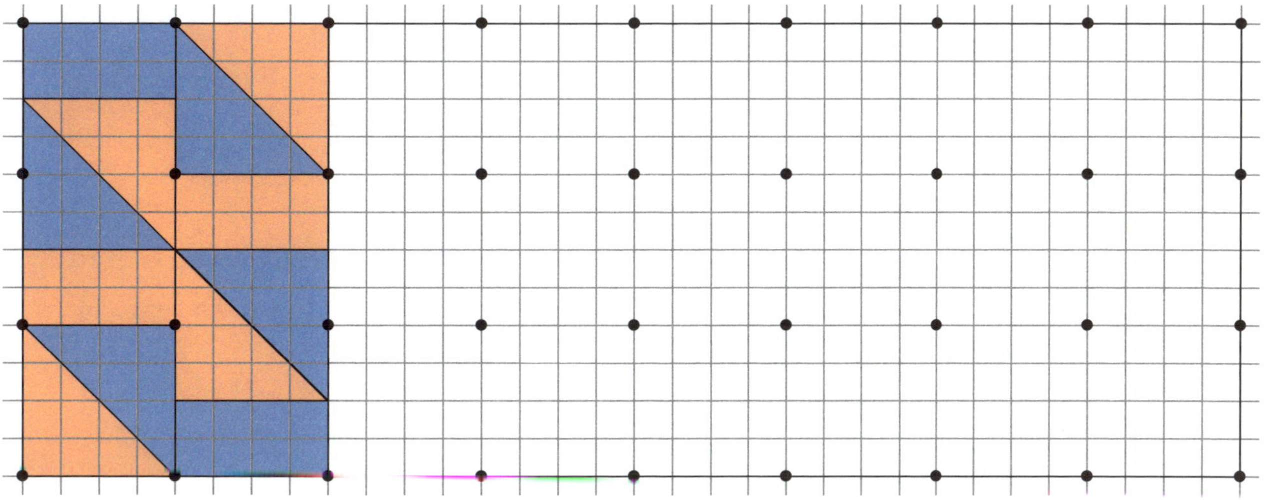

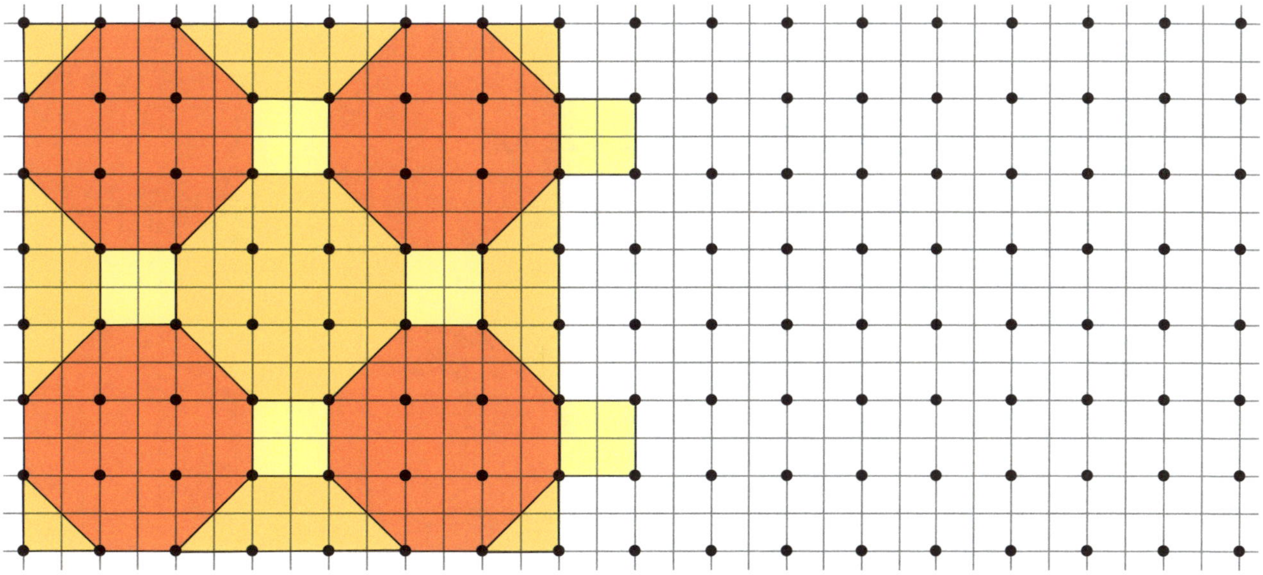

⭐ ②

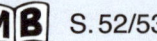
1 Setze die Parkette fort.

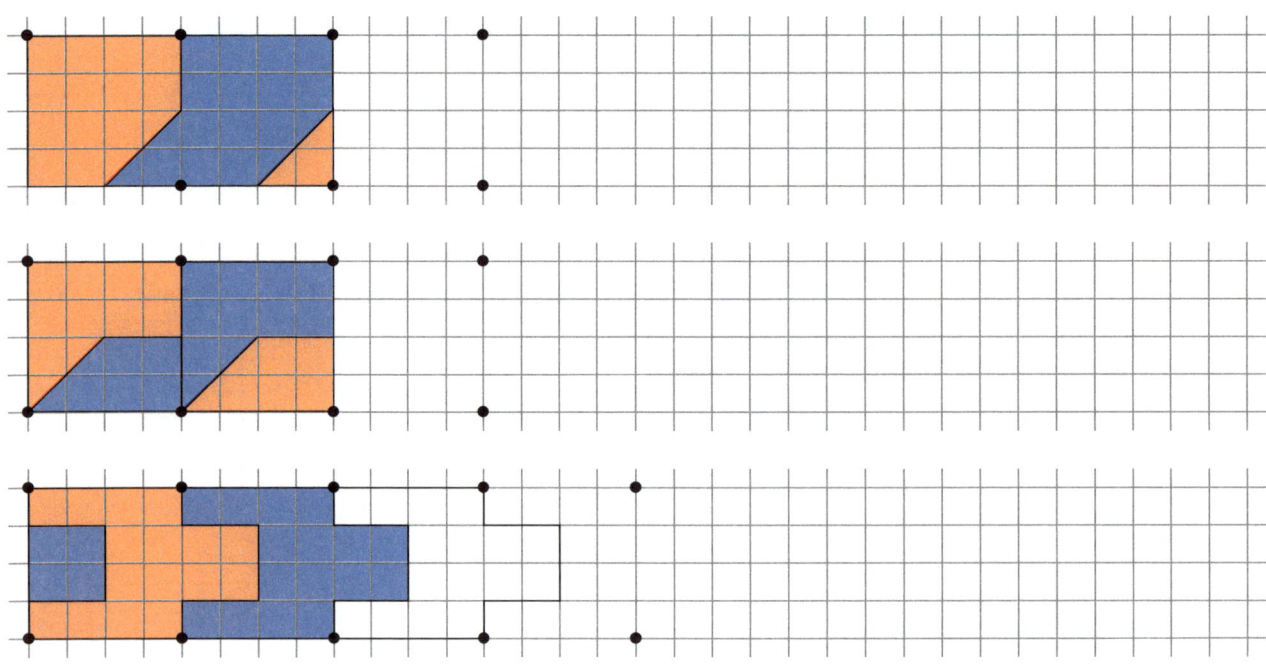

2 Vom Quadrat zum Frosch. Setze fort.

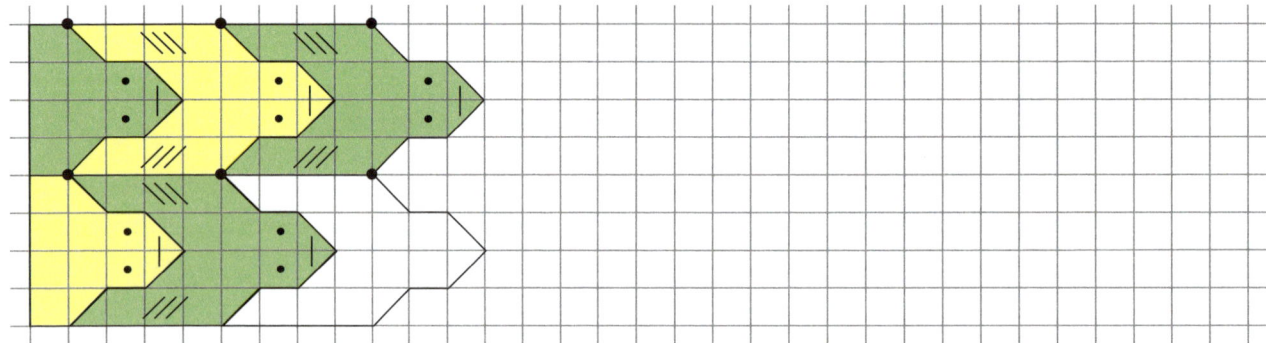

3 Vom Quadrat zum Riesenrochen. Setze fort.

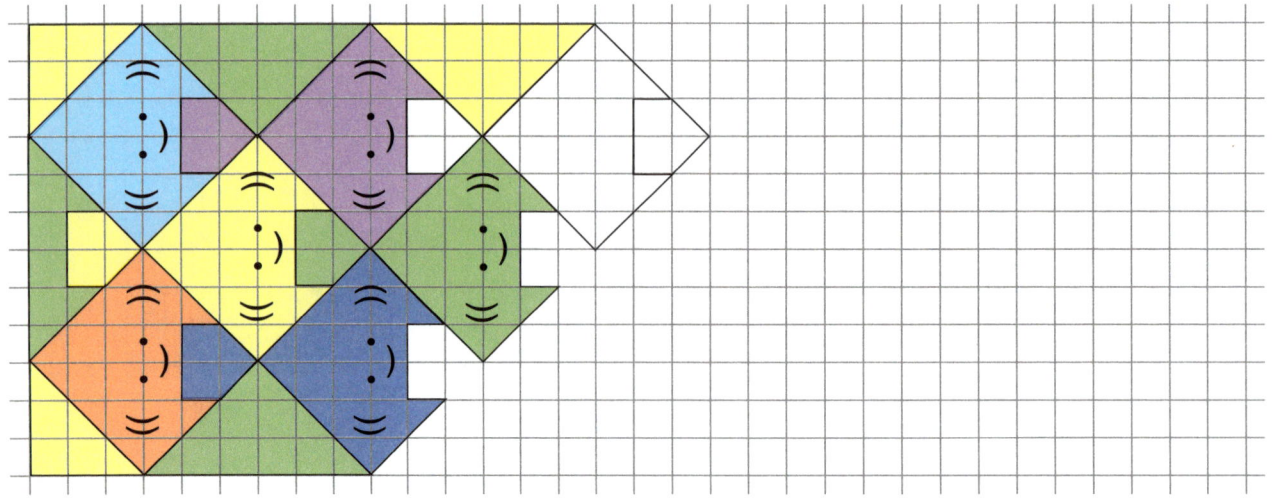

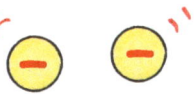

① Auf die Einer kommt es an. Rechne.

a)
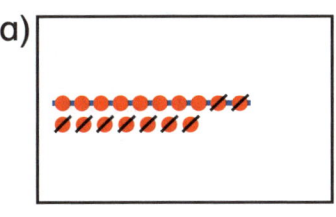
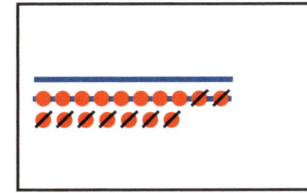

$17 - 9 =$ ___ $27 - 9 =$ ___ $47 - 19 =$ ___

b)
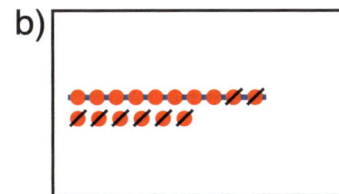
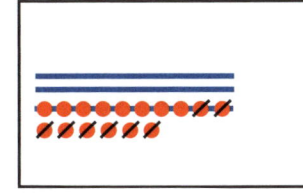
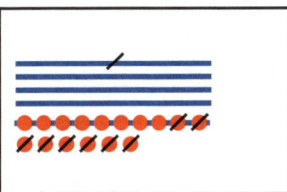

$16 - 8 =$ ___ $36 - 8 =$ ___ $56 - 18 =$ ___

c)
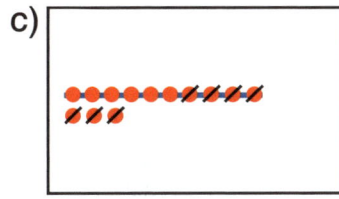
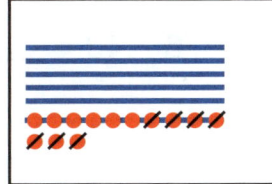
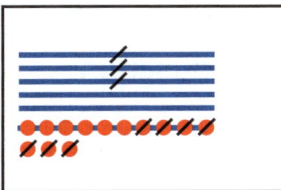

$13 - 7 =$ ___ $63 - 7 =$ ___ $63 - 37 =$ ___

d)

$16 - 9 =$ ___ $36 - 9 =$ ___ $56 - 19 =$ ___

② Welche kleine Aufgabe hilft? Rechne beide Aufgaben.

a) $72 - 9 = \underline{63}$ $84 - 7 =$ ___ $55 - 7 =$ ___ $33 - 8 =$ ___

     $12 - 9 = \underline{3}$ $14 - 7 =$ ___   ___ $-$ ___ $=$ ___   ___ $-$ ___ $=$ ___

b) $42 - 6 =$ ___ $23 - 5 =$ ___ $64 - 6 =$ ___ $100 - 7 =$ ___

     ___ $-$ ___ $=$ ___   ___ $-$ ___ $=$ ___   ___ $-$ ___ $=$ ___   ___ $-$ ___ $=$ ___

③ Welche Stelle ändert sich jeweils? Rechne.

    $16 - 8 =$ ___ $13 - 6 =$ ___ $14 - 6 =$ ___ $12 - 5 =$ ___

    $36 - 20 =$ ___ $53 - 30 =$ ___ $94 - 40 =$ ___ $72 - 50 =$ ___

    $36 - 28 =$ ___ $53 - 36 =$ ___ $94 - 46 =$ ___ $72 - 55 =$ ___

1 Verbinde Bild mit Aufgabe und dann mit dem passenden Hut.

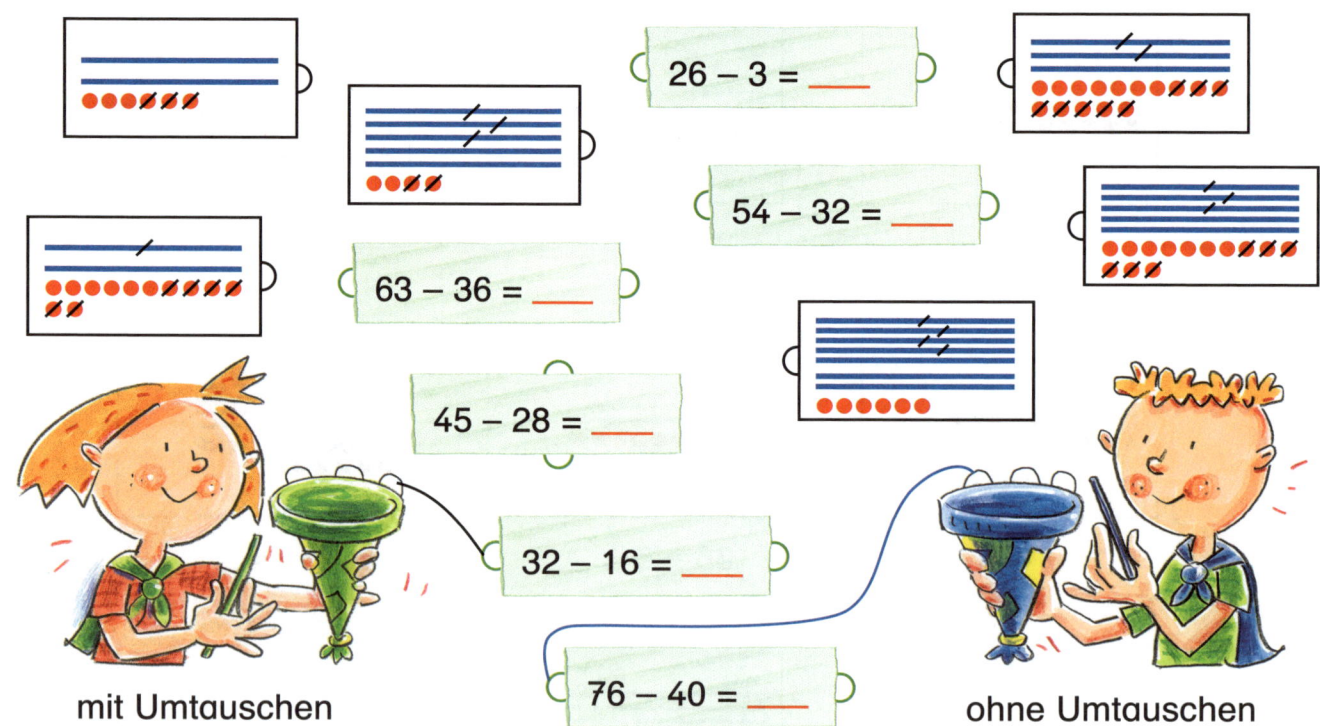

26 – 3 = ____

54 – 32 = ____

63 – 36 = ____

45 – 28 = ____

32 – 16 = ____

76 – 40 = ____

mit Umtauschen   ohne Umtauschen

2 Zeichne und rechne.

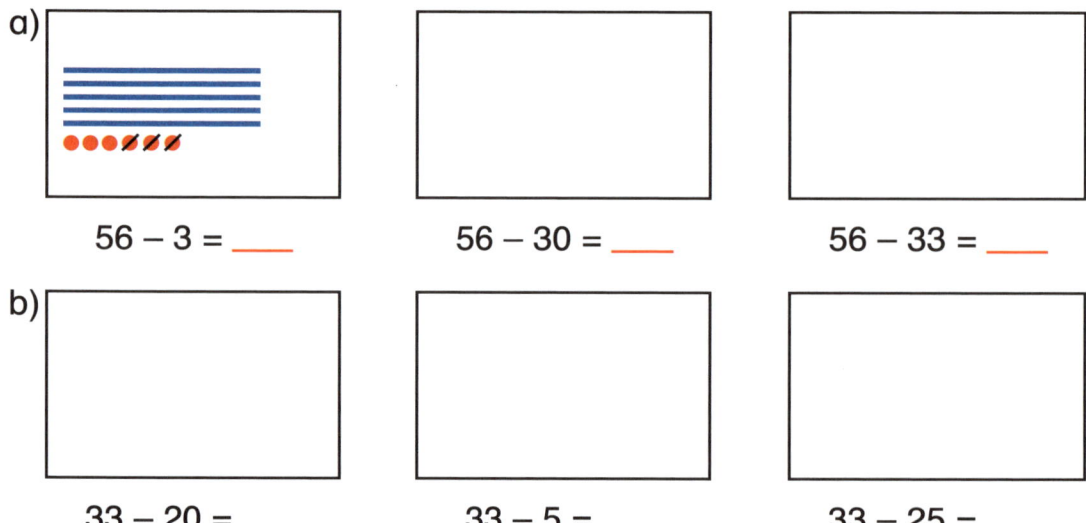

a)

56 – 3 = ____   56 – 30 = ____   56 – 33 = ____

b)

33 – 20 = ____   33 – 5 = ____   33 – 25 = ____

3 Welche Stelle ändert sich jeweils? Rechne.

a) 53 – 8 = ____   97 – 8 = ____   b) 88 – 9 = ____   64 – 5 = ____

53 – 30 = ____   97 – 40 = ____   88 – 40 = ____   64 – 50 = ____

53 – 38 = ____   97 – 48 = ____   88 – 49 = ____   64 – 55 = ____

c) 64 – 2 = ____   86 – 4 = ____   d) 79 – 6 = ____   56 – 5 = ____

64 – 30 = ____   86 – 30 = ____   79 – 50 = ____   56 – 50 = ____

64 – 32 = ____   86 – 34 = ____   79 – 56 = ____   56 – 55 = ____

① Rechne auf deinem Weg.

$72 - 38 =$ $65 - 47 =$ $84 - 56 =$

$52 - 19 =$ $71 - 55 =$ $64 - 28 =$

$43 - 15 =$ $91 - 66 =$ $82 - 51 =$

$48 - 23 =$ $64 - 29 =$ $53 - 27 =$

Das könnte ich ja noch ewig fortsetzen.

9	8	$-$	4	9	$=$	4	9
9	7	$-$	4	8	$=$	4	9
9	6	$-$	4	7	$=$		

② Rechne und finde die nächste Aufgabe.

a) $75 - 6 =$ ___ $33 - 15 =$ ___ $72 - 39 =$ ___ $98 - 49 =$ ___

$74 - 7 =$ ___ $44 - 16 =$ ___ $62 - 39 =$ ___ $97 - 48 =$ ___

$73 - 8 =$ ___ $55 - 17 =$ ___ $52 - 39 =$ ___ $96 - 47 =$ ___

___ − ___ = ___   ___ − ___ = ___   ___ − ___ = ___   ___ − ___ = ___

 b) $93 - 14 =$ ___ $72 - 19 =$ ___ $24 - 16 =$ ___ $51 - 15 =$ ___

$94 - 15 =$ ___ $73 - 18 =$ ___ $35 - 17 =$ ___ $62 - 26 =$ ___

___ − ___ = ___   ___ − ___ = ___   ___ − ___ = ___   ___ − ___ = ___

___ − ___ = ___   ___ − ___ = ___   ___ − ___ = ___   ___ − ___ = ___

① Nahe beim vollen Zehner. Denke an Eulalias Tipp.

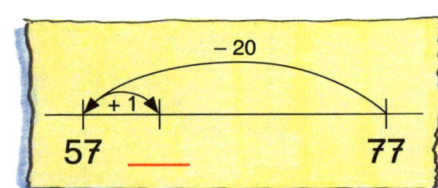

77 – 19 = ___
77 – 20 + 1 = ___

a) 83 – 39 = ___

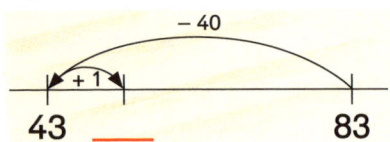

56 – 29 = ___

73 – 59 = ___

b) 72 – 49 = ___

64 – 19 = ___

81 – 69 = ___

② Beginne in jedem Päckchen mit der Aufgabe, die für dich am leichtesten ist.
Rahme sie ein.

a) 68 – 28 = ___
   68 – 29 = ___
   68 – 30 = ___

b) 74 – 39 = ___
   74 – 40 = ___
   74 – 38 = ___

c) 46 – 18 = ___
   46 – 19 = ___
   46 – 20 = ___

d) 94 – 22 = ___
   94 – 21 = ___
   94 – 20 = ___

e) 85 – 50 = ___
   85 – 49 = ___
   85 – 48 = ___

f) 57 – 49 = ___
   57 – 50 = ___
   57 – 48 = ___

③ Rechne auf deinem Weg.

45 – 25 = ___

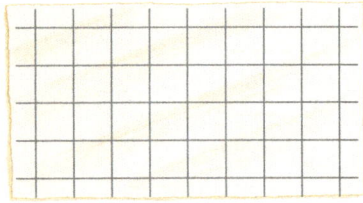

63 – 15 = ___

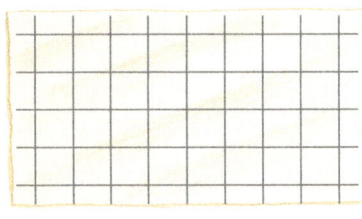

56 – 38 = ___

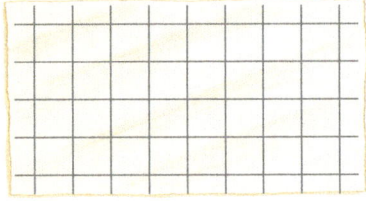

32 – 24 = ___

57 – 38 = ___

88 – 69 = ___

Übung macht den Meister

1 Ergänze zum nächsten Zehner.

a) 27 + ____ = 30   b) 34 + ____ = ____   c) ____ + 7 = 40   d) ____ + 2 = 50

58 + ____ = 60   91 + ____ = ____   ____ + 8 = 40   36 + __ = 40

82 + ____ = 90   76 + ____ = ____   ____ + 3 = 40   ____ + 9 = 60

65 + ____ = 70   43 + ____ = ____   ____ + 1 = 60   49 + __ = 50

2 Rechne zuerst die Aufgabe, die dir am einfachsten erscheint.

a) 35 + 27 = ____   b) 68 + 13 = ____   c) 44 + 44 = ____   d) 49 + 38 = ____

35 + 26 = ____   68 + 12 = ____   45 + 44 = ____   50 + 38 = ____

35 + 25 = ____   68 + 11 = ____   46 + 44 = ____   51 + 38 = ____

35 + 24 = ____   68 + 10 = ____   47 + 44 = ____   52 + 38 = ____

3 Immer zwei Rechnungen haben das gleiche Ergebnis. Verbinde.

a)

54 + 27 = ____   25 + 30 = ____

66 + 16 = ____   51 + 30 = ____

17 + 38 = ____   62 + 20 = ____

b)

45 + 37 = ____   50 + 15 = ____

48 + 17 = ____   40 + 13 = ____

37 + 16 = ____   50 + 32 = ____

4 Ergänze die fehlenden Zahlen so, dass immer 2 Rechnungen das gleiche Ergebnis haben. Verbinde.

a)

40 + 8 = 48   38 + _10_ = 48

62 + 16 = ____   35 + ____ = ____

24 + 25 = ____   71 + ____ = ____

b)

60 + 36 = ____   28 + ____ = ____

12 + 19 = ____   93 + ____ = ____

33 + 17 = ____   45 + ____ = ____

① Rechne nur die Aufgaben, bei denen der Zehner „geknackt" wird.

a) 45 − 38 = ___

84 − 62 = ___

42 − 28 = ___

41 − 33 = ___

b) 96 − 83 = ___

72 − 65 = ___

59 − 26 = ___

51 − 37 = ___

c) 33 − 26 = ___

96 − 89 = ___

45 − 39 = ___

34 − 16 = ___

d) 76 − 69 = ___

58 − 41 = ___

83 − 59 = ___

38 − 27 = ___

② Ergänze die fehlenden Zahlen so, dass immer 2 Rechnungen das gleiche Ergebnis haben.

a)

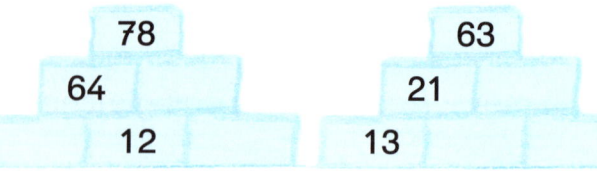

40 − 8 = *32* ⊃—⊂ 62 − *30* = 32

32 − 15 = ___ ⊃ ⊂ 92 − ___ = ___

88 − 13 = ___ ⊃ ⊂ 27 − ___ = ___

b)

100 − 16 = ___ ⊃ ⊂ 36 − ___ = ___

75 − 26 = ___ ⊃ ⊂ 93 − ___ = ___

29 − 17 = ___ ⊃ ⊂ 56 − ___ = ___

③ a) Ergänze die fehlenden Zahlen.

78
64
12

63
21
13

82
52
18

99
28
20

b) Knobelmauern.

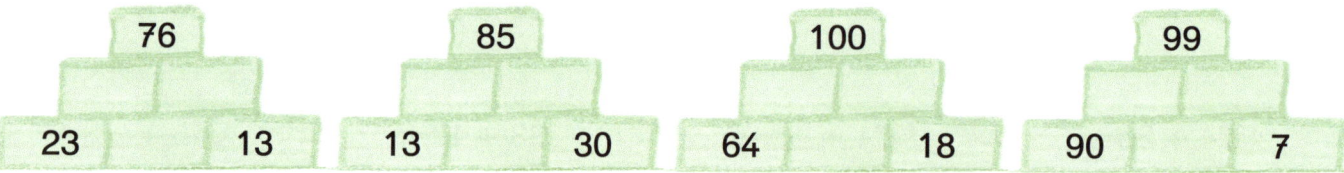

76
23   13

85
13   30

100
64   18

99
90   7

① Rechne auf deinem Weg.

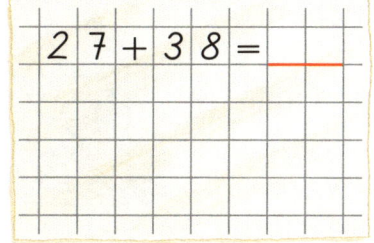 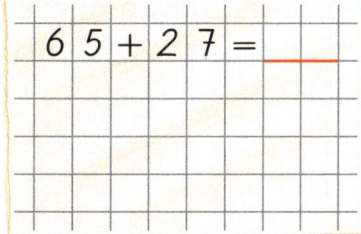 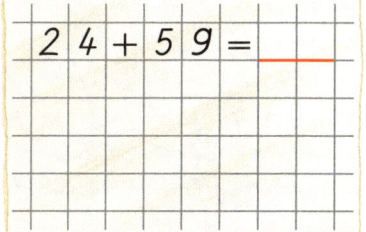

$27 + 38 =$ $65 + 27 =$ $24 + 59 =$

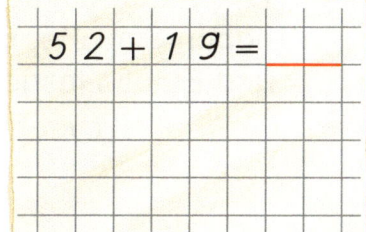 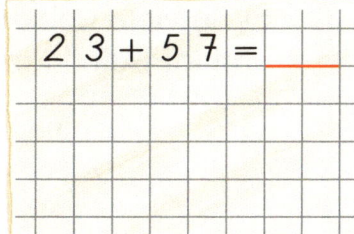 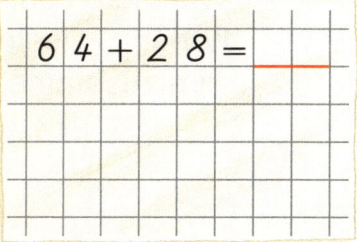

$52 + 19 =$ $23 + 57 =$ $64 + 28 =$

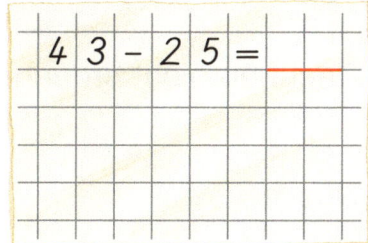 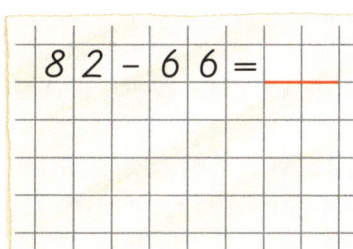 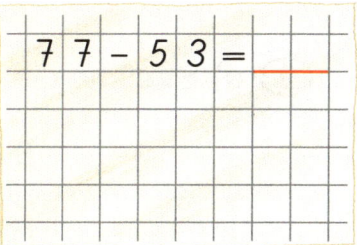

$43 - 25 =$ $82 - 66 =$ $77 - 53 =$

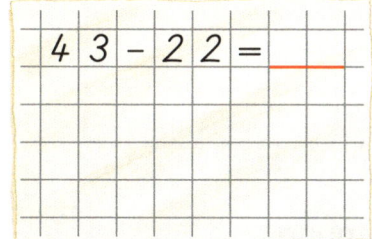 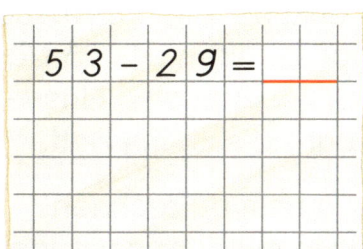 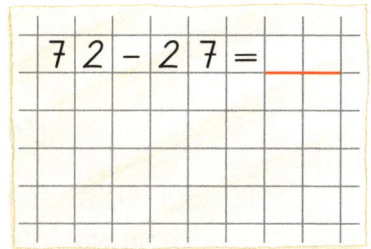

$43 - 22 =$ $53 - 29 =$ $72 - 27 =$

② Rechne und finde die letzte Aufgabe.

$48 + 2 =$	$23 + 18 =$	$75 - 6 =$	$33 - 15 =$
$47 + 3 =$	$24 + 18 =$	$74 - 7 =$	$44 - 16 =$
$46 + 4 =$	$25 + 18 =$	$73 - 8 =$	$55 - 17 =$
___ + ___ = ___	___ + ___ = ___	___ - ___ = ___	___ - ___ = ___

③ Zahlenmauern.

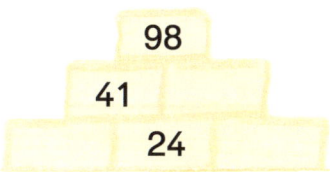 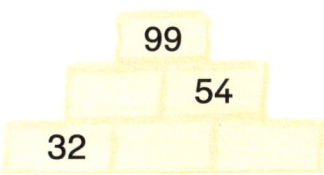 

1 Verbinde und rechne.

Simsala und Bim backen Lebkuchen.
Simsala formt 20, Bim 16.
Eulalia bringt noch 18 Lebkuchen mit.

Zu einer Frage
passen 2 Rechnungen.

| Wie viele Lebkuchen haben Simsala und Bim zusammen? | Wie viele Lebkuchen bringt Eulalia mit? | Wie viele Lebkuchen haben Simsala, Bim und Eulalia insgesamt? |

36 + 18 = ___   20 + 16 = ___   20 + 16 + 18 = ___   18

2 a) Streiche die Sätze und Wörter weg, die du zum Rechnen nicht brauchst.

Simsala sitzt am Fensterbrett.
Sie zaubert aus ihrem Zauberhut 100 Nüsse.
Danach ruht sie sich aus.
Dann schenkt sie Bim 25 Nüsse.
Eulalia gibt sie ebenfalls 25 Nüsse.
Nun isst Simsala noch 6 Nüsse auf.
Danach legt sie sich ins Bett.

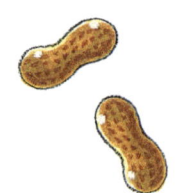

b) Bei welchen Fragen musst du rechnen?
Färbe sie. Verbinde sie mit der passenden Rechnung.

| Wie viele Nüsse schenkt Simsala Eulalia? | Wie viele Nüsse verschenkt Simsala insgesamt? | Wie viele Nüsse zaubert Simsala aus dem Hut? | Wie viele Nüsse nimmt Simsala insgesamt weg? |

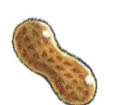

_____   25 + 25 + 6 = ___   25 + 25 = ___   _____

Zum Überlegen: Zwei Fragen sind nicht gefärbt.
Erkläre: Warum brauchst du hier keine Rechnung?

c) Wie viele Nüsse hat Simsala noch übrig?
Rechne und antworte.

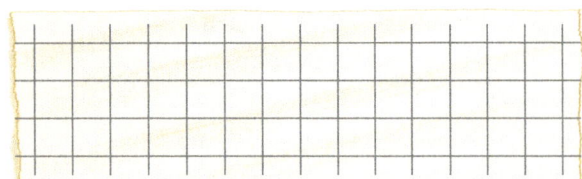

① Richtig oder falsch?

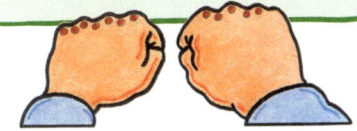

           r   f

a) Der November hat mehr Tage als der Juni. ◯ ◯
b) Der März hat genauso viele Tage wie der Mai. ◯ ◯
c) Der September hat weniger Tage als der Januar. ◯ ◯
d) Der kürzeste Monat ist der Februar. ◯ ◯
e) Alle Monate, die mit M beginnen, haben 31 Tage. ◯ ◯

② Verbinde.

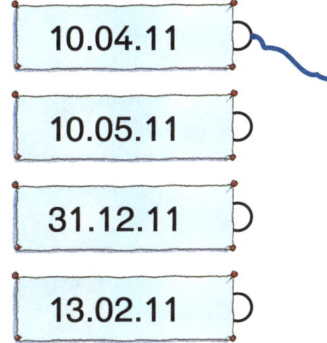

10.04.11		31. Dezember 2011
10.05.11		10. April 2011
31.12.11		10. Mai 2011
13.02.11		13. Februar 2011

③ Ergänze die fehlenden Angaben.
Finde weitere "besondere" Tage in diesem Jahr.

Festtage / wichtige Ereignisse	Wochentag	Datum
Mein Geburtstag		
Beginn der Sommerferien		
Tag der deutschen Einheit		
1. Weihnachtstag		
		6. Dezember
		31. Dezember

① Schreibe alle Sonntage im Februar 2011 auf.

Februar 2011						
Mo	Di	Mi	Do	Fr	Sa	So
	1	2	3	4	5	6
7	8	9	10	11	12	13
14	15	16	17	18	19	20
21	22	23	24	25	26	27
28						

② Welcher Wochentag ist das?

3.2. _____   12.2. _____

25.2. _____   28.2. _____

③ Jeden Mittwoch haben Simsala und Bim Zauberkurs.
Schreibe das jeweilige Datum zu den Tagen auf.

④ Angenommen, heute wäre Sonntag, der 6. Februar. Ergänze die Liste.

vorgestern _____

gestern _____

heute   Sonntag, 6. Februar

morgen _____

übermorgen _____

Nicht vergessen:
26.2. Faschingsfeier im Zauberwald
11.2. Eulalias Geburtstag
6.2. Skifahren
23.2. Zaubervorstellung

⑤ Simsala hat für Bim Termine notiert.
Übertrage sie in Bims Terminkalender.

FEBRUAR 2011

1 _____ . . . .
2 _____ . . . .
3 _____ . . . .
4 _____ . . . .
5 _____ . . . .
6 So . . . .
7 _____ . . . .
8 _____ . . . .
9 _____ . . . .
10 _____ . . . .
11 _____ . . . .
12 _____ . . . .
13 _____ . . . .
14 _____ . . . .

15 _____ . . . .
16 _____ . . . .
17 _____ . . . .
18 _____ . . . .
19 _____ . . . .
20 _____ . . . .
21 _____ . . . .
22 _____ . . . .
23 _____ . . . .
24 _____ . . . .
25 _____ . . . .
26 _____ . . . .
27 _____ . . . .
28 _____ . . . .

1 Rätsel

a)
Paul ist 45 Jahre jünger als sein Onkel Thomas. Thomas ist 52.
Wie alt ist Paul?

R: _____

A: _____

b)
Fred ist 12. Er ist doppelt so alt wie Anja und halb so alt wie Emma.
Wie alt sind Anja und Emma?

R: _____

A: _____

c)
Hanna ist 4 Jahre älter als der 13-jährige Tim.
Wie alt ist Hanna?

R: _____

A: _____

 2 Was ist hier los?
Verändere die Fragen so, dass du etwas rechnen kannst.

a)
Leon hat 8 Sachbücher, 6 Tierbücher und 7 Krimis.
Wie alt ist Leo?

F: _____

R: _____

A: _____

b)
Nico ist 5 Jahre älter als seine 3-jährige Schwester.
Wie heißt die Schwester?

F: _____

R: _____

A: _____

c)
Die Zwillinge Susi und Anna sind zusammen 14 Jahre alt. Wie alt ist ihr Bruder?

F: _____

R: _____

A: _____

1 Male an.

2 Aus welchen Körpern sind die Bauwerke gebaut?
Zähle und trage in die Tabelle ein.

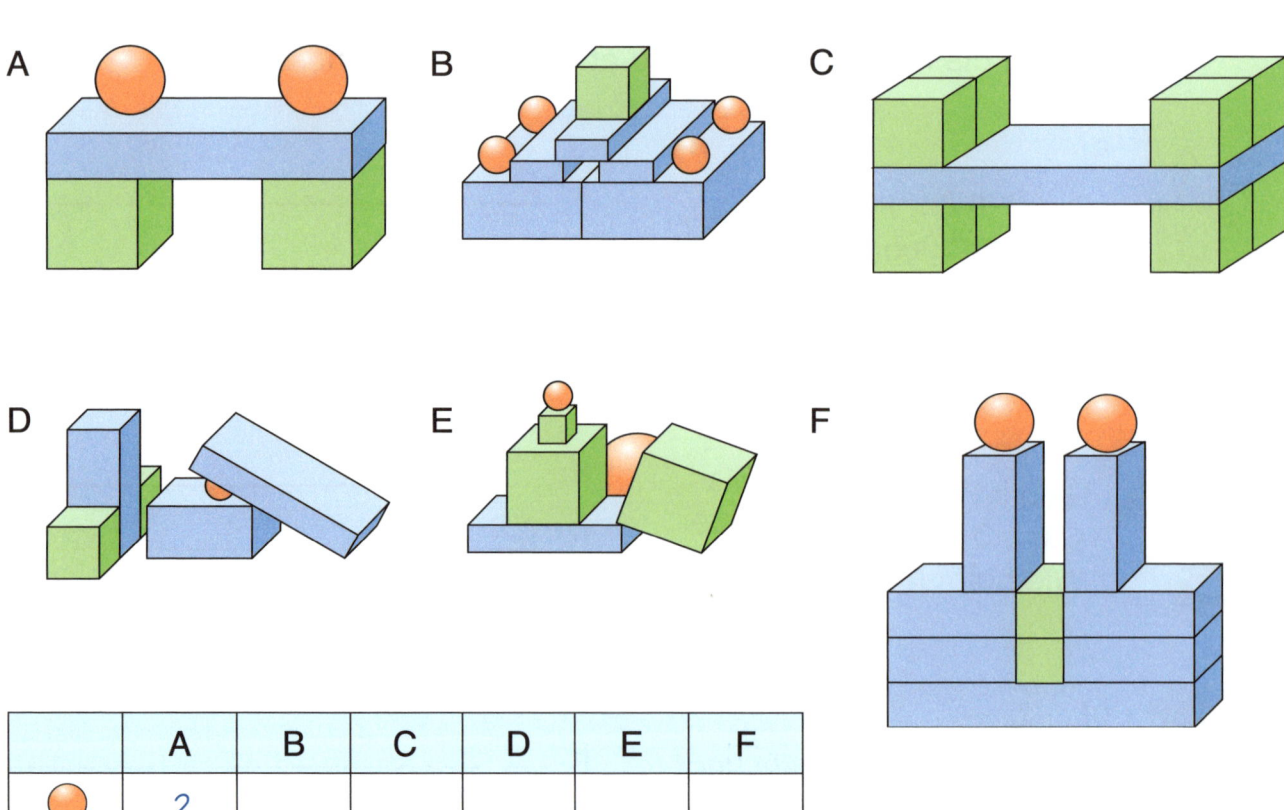

	A	B	C	D	E	F
🟠	2					
🟩	2					
🟦						

① Wie heißen die Körper?

 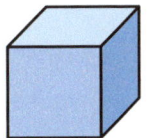 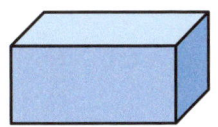

_____   _____   _____

② Kreise mit der entsprechenden Farbe ein.

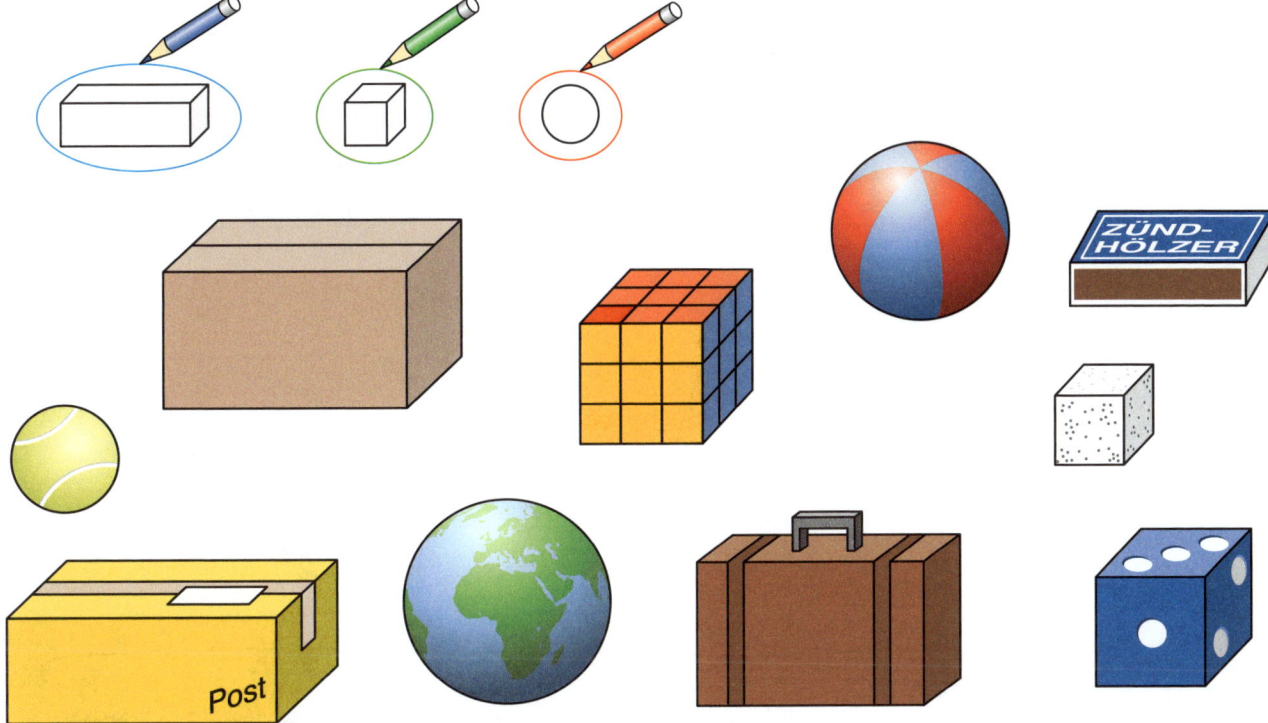

③ Verbinde Steckbrief, Bild und Namen.

8 Ecken
6 rechteckige
  Flächen
12 Kanten
	8 Ecken
	6 quadratische
	  Flächen
	12 Kanten
		keine Ecken
		keine Kanten

Quader   Würfel   Kugel

① Zähle das Geld.

a)

_____ ct

_____ ct

_____ ct

_____ ct

b)

_____ €

_____ €

_____ €

_____ €

② Wie viel Geld ist im Sparschwein?

_____ € _____ ct

_____ € _____ ct

_____ € _____ ct

1 In welche Scheine und Münzen kannst du wechseln? Trage ein.

a) [5 €] [5 €] b) ◯ ◯ ◯ ◯ ◯ ◯ ◯

c) [ ] ◯ ◯ ◯

d) [ ] ◯ ◯ ◯ ◯ ◯

a) [ ] [ ] [ ] b) [ ] [ ]

c) [ ] [ ] ◯ ◯ ◯ ◯ ◯

d) [ ] ◯ ◯ ◯ ◯ ◯ ◯ ◯

2 Welche Münze fehlt auf 1 €?

3 Welcher Schein fehlt auf 50 €?

a)  b)  c)

4 Ergänze.

a) 50 € + 20 € + 10 € + 5 € + 5 € + ___ € = 100 €

b) 50 € + 20 € + 10 € + 10 € + 5 € + ___ € = 100 €

c) 50 € + 20 € + 20 € + 10 € + ___ € = 100 €

1 Wie könntest du diese Geldbeträge legen? Finde 2 Möglichkeiten.

Preis	2 €	1 €	50 ct	20 ct	10 ct	5 ct	2 ct	1 ct
4 € 44 ct	2	–	–	–	4	–	2	–
2,86 €								
9,61 €								

2 Wie viel Geld bleibt übrig? Zeichne.

gespartes Geld	Wunsch		übriges Geld
50 €	18 €		2 € 20 €
20 €	7 €		
100 €	25 €		
50 €	42 €		

3 Wie viel Geld fehlt?

gespartes Geld	Wunsch	fehlendes Geld
10 € + 5 €	22 €	
50 € + 20 € + 2 € + 2 €	80 €	
20 € + 10 € + 5 € + 2 €	61 €	
2 € + 1 € + 10 ct + 20 ct + 20 ct	5 €	

Preise mit Komma und Strich

1 a) Schreibweisen und Sprechweisen. Verbinde.

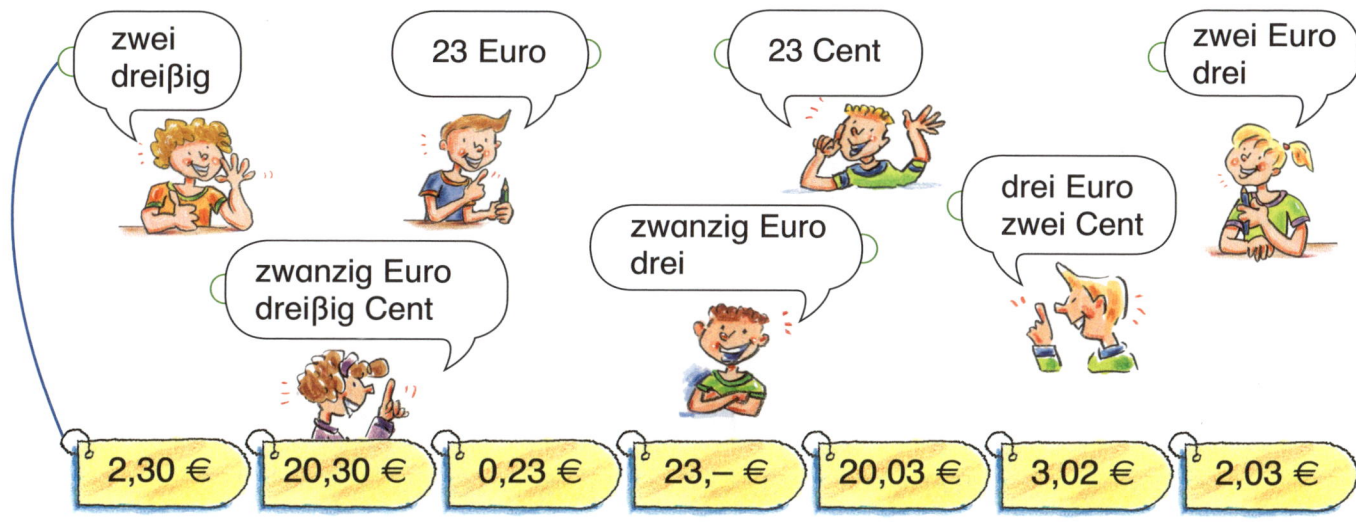

zwei dreißig

23 Euro

23 Cent

zwei Euro drei

zwanzig Euro dreißig Cent

zwanzig Euro drei

drei Euro zwei Cent

2,30 € 20,30 € 0,23 € 23,– € 20,03 € 3,02 € 2,03 €

b) Ordne die Preise der Größe nach. Beginne mit dem kleinsten Preis.

0,23 € ____ ____ ____ ____ ____ ____

2 Wie viel Geld ist es? Trage in die Tabelle ein und schreibe mit Komma.

Euro		Cent		
Z	E	Z	E	
2	5	5	2	25,52 €
				____
				____
				____
				____
				____
				____

a) 20 5 50 2

b) 20 5 50 20

c) 10 5 5

d) 2 5

e) 10 20 2

f) 5 2 50 1

3 Male gleiche Geldbeträge mit gleicher Farbe an.

522 ct	5,20 €	820 ct	3,23 €	8 € 2 ct	5,22 €
99 ct	9 € 91 ct	9,09 €	9 € 9 ct	9,91 €	0,99 €
502 ct	8,02 €	3 € 23 ct	8 € 20 ct	5 € 20 ct	5 € 2 ct

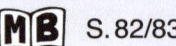
1 Wie viel Euro hat jedes Kind?

Agata

_____

Johannes

_____

2 Wie viel fehlt?

75 € + ___ € = 100 €   2,00 € + ___ € = 10 €   93 ct + ___ ct = 1 €

7 € + ___ € = 100 €   5,50 € + ___ € = 10 €   1 ct + ___ ct = 1 €

3

Preis	gegeben	Rückgeld
31 €	20 10 5	_____
7 € 50 ct	10	_____
16 €	20 1	_____
5 € 15 ct	10 10 5	_____

4 Zwei Tage vorher: Welches Datum war da? Schreibe auf.

a)

Januar
1
Samstag

b)

März
2
Donnerstag

5 a) Tom ist 6 Jahre alt.
Seine Schwester Lea ist
halb so alt wie er.
Sein Bruder Andreas ist
doppelt so alt wie er.
Wie alt sind Lea und Andreas?

Lea: _____ Jahre

Andreas: _____ Jahre

b) Paulina ist 4 Jahre jünger
als ihr Bruder Max.
Max ist 9 Jahre alt und
2 Jahre älter als Anna.
Wie alt sind Paulina und Anna?

Paulina: _____ Jahre

Anna: _____ Jahre

① Immer 3 Bilder passen zusammen. Rahme mit der gleichen Farbe ein.

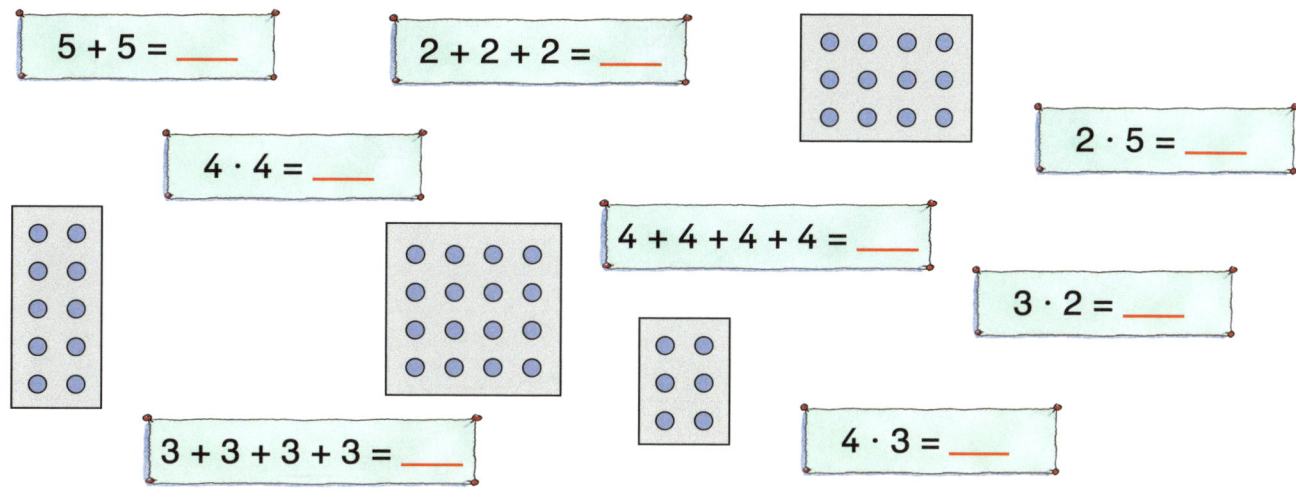

5 + 5 = _____

2 + 2 + 2 = _____

2 · 5 = _____

4 · 4 = _____

4 + 4 + 4 + 4 = _____

3 · 2 = _____

3 + 3 + 3 + 3 = _____

4 · 3 = _____

② Male zur Geschichte. Schreibe Plus- und Malrechnungen auf.

a) Bim geht 4-mal zum Birnbaum.
Er holt sich jedes Mal 2 Birnen.
Wie viele Birnen sind das?

b) Simsala geht 3-mal in den Garten.
Sie holt jedes Mal 6 Rüben.
Wie viele Rüben sind das?

2 + ___ + ___ + ___ = ___

___ + ___ + ___ = ___

4 · ___ = ___

___ · ___ = ___

③ Schreibe Plus- und Malaufgaben auf. Rechne.

a)

b)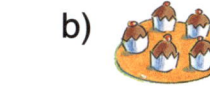

4 + 4 + 4 = ___

___ + ___ + ___ + ___ = ___

___ · ___ = ___

___ · ___ = ___

c)

d)

___ + ___ + ___ + ___ + ___ = ___

___ + ___ = ___

___ · ___ = ___

___ · ___ = ___

1 Welche Aufgaben passen zu den Bildern? Verbinde und rechne.

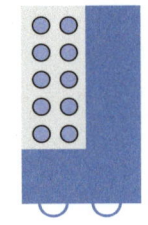 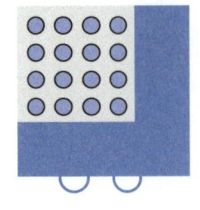 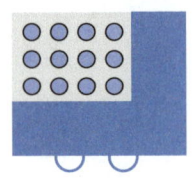 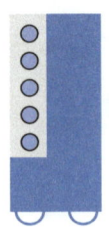

4 · 3 = ___   4 · 4 = ___   5 · 2 = ___

2 · 5 = ___   3 · 4 = ___   5 · 1 = ___   1 · 5 = ___

2 Schreibe Aufgabe und Tauschaufgabe auf.

a) 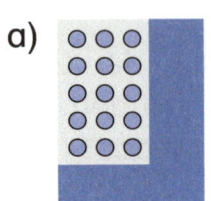   b) 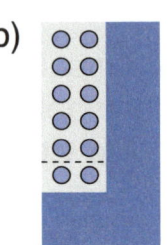   c) 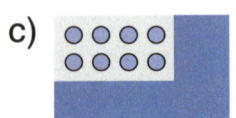   d)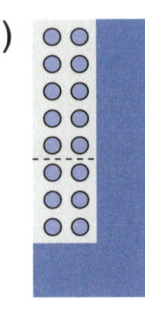

_3_ · _5_ = ___   ___ · ___ = ___   ___ · ___ = ___   ___ · ___ = ___

_5_ · _3_ = ___   ___ · ___ = ___   ___ · ___ = ___   ___ · ___ = ___

e) 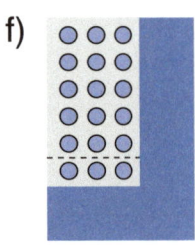   f)   g) 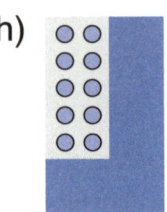   h)

___ · ___ = ___   ___ · ___ = ___   ___ · ___ = ___   ___ · ___ = ___

___ · ___ = ___   ___ · ___ = ___   ___ · ___ = ___   ___ · ___ = ___

3 Ergebnisse, die du dir merken solltest.

a)
7 · 7)   (9
6 · 6)   (49
3 · 3)   (36

b)
8 · 8)   (16
4 · 4)   (64
9 · 9)   (81

c)
5 · 5)   (4
10 · 10)   (100
2 · 2)   (25

1 Wie heißen die veränderten Aufgaben? Beginne mit der mittleren Aufgabe.

eine Reihe weg   eine Reihe dazu

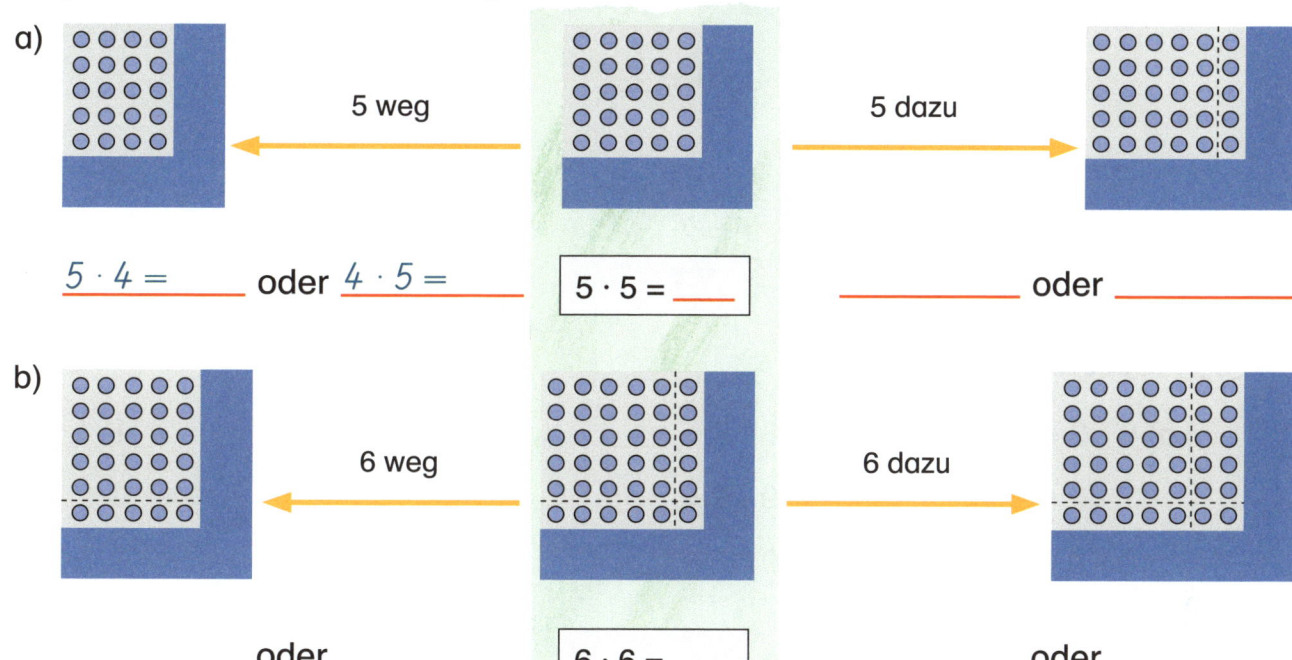

a)

$5 \cdot 4 =$ _____ oder $4 \cdot 5 =$ _____ $5 \cdot 5 =$ _____   _____ oder _____

b)

_____ oder _____ $6 \cdot 6 =$ _____   _____ oder _____

2 Verändere die Quadrataufgaben.

a) eine Reihe dazu:

$5 \cdot 5 =$ ___ $4 \cdot 4 =$ ___ $7 \cdot 7 =$ ___ $9 \cdot 9 =$ ___ $3 \cdot 3 =$ ___
$6 \cdot$ ___ $=$ ___   ___ $\cdot$ ___ $=$ ___   ___ $\cdot$ ___ $=$ ___   ___ $\cdot$ ___ $=$ ___ $4 \cdot 3 =$ ___

b) eine Reihe weg:

$8 \cdot 8 =$ ___ $10 \cdot 10 =$ ___ $9 \cdot 9 =$ ___ $4 \cdot 4 =$ ___ $7 \cdot 7 =$ ___
$7 \cdot 8 =$ ___ $9 \cdot 10 =$ ___   ___ $\cdot$ ___ $=$ ___   ___ $\cdot$ ___ $=$ ___   ___ $\cdot$ ___ $=$ ___

3 Welche Quadrataufgabe hilft? Verbinde Aufgabe und Nachbaraufgabe.

a)

$6 \cdot 5 =$ ___ $5 \cdot 5 =$ ___

$3 \cdot 4 =$ ___ $7 \cdot 7 =$ ___

$8 \cdot 7 =$ ___ $4 \cdot 4 =$ ___

$8 \cdot 9 =$ ___ $9 \cdot 9 =$ ___

b)

$9 \cdot 10 =$ ___ $3 \cdot 3 =$ ___

$2 \cdot 3 =$ ___ $6 \cdot 6 =$ ___

$7 \cdot 8 =$ ___ $10 \cdot 10 =$ ___

$7 \cdot 6 =$ ___ $8 \cdot 8 =$ ___

Verdoppeln ist auch Malnehmen

1 Verbinde Plus- und Malaufgabe.

a)
9 + 9 = ___   2 · 4 = ___

6 + 6 = ___   2 · 9 = ___

4 + 4 = ___   2 · 6 = ___

5 + 5 = ___   2 · 5 = ___

b)
3 + 3 = ___   2 · 10 = ___

8 + 8 = ___   2 · 8 = ___

7 + 7 = ___   2 · 3 = ___

10 + 10 = ___   2 · 7 = ___

2 Nachbaraufgaben

a) 6 · 2 = ___   b) 8 · 2 = ___   c) 1 · 6 = ___   d) 1 · 10 = ___

   7 · 2 = ___   9 · 2 = ___   2 · 6 = ___   2 · 10 = ___

   8 · 2 = ___   10 · 2 = ___   3 · 6 = ___   3 · 10 = ___

e) 4 · 2 = ___   f) 1 · 7 = ___   g) 7 · 2 = ___   h) 1 · 4 = ___

   5 · 2 = ___   2 · 7 = ___   8 · 2 = ___   2 · 4 = ___

   6 · 2 = ___   3 · 7 = ___   9 · 2 = ___   3 · 4 = ___

3 Welche Malaufgabe mit 2 hilft?

a) 3 · 5 = ___   b) 3 · 8 = ___   c) 3 · 7 = ___

   2 · 5 = ___   2 · ___ = ___   ___ · ___ = ___

Nachbaraufgaben!

d) 3 · 4 = ___   e) 3 · 9 = ___   f) 3 · 6 = ___

   ___ · ___ = ___   ___ · ___ = ___   ___ · ___ = ___

4 Kreise immer eine Aufgabe, ihre Tauschaufgabe und das Ergebnis in der gleichen Farbe ein.

(2 · 0)   2 · 7   2 · 8   2 · 9

2 · 6   2 · 1   2 · 5   2 · 10

6 · 2   2 · 2   1 · 2   2 · 3   4 · 2

8 · 2   7 · 2   5 · 2   9 · 2   10 · 2   2 · 4   3 · 2

(0 · 2)   2 · 2

0 1 2 3 4 5 6 7 8 9 10 11 12 13 14 15 16 17 18 19 20

1 Malaufgaben mit 10 rechnen.

$1 \cdot 10 =$ ___ $7 \cdot 10 =$ ___ $10 \cdot 9 =$ ___ $10 \cdot 10 =$ ___

$3 \cdot 10 =$ ___ $6 \cdot 10 =$ ___ $10 \cdot 8 =$ ___ $10 \cdot 2 =$ ___

$5 \cdot 10 =$ ___ $4 \cdot 10 =$ ___ $10 \cdot 7 =$ ___ $10 \cdot 0 =$ ___

2 Malaufgaben mit 10 verändern.

a) $10 \cdot 5 =$ ___ $10 \cdot 9 =$ ___ $10 \cdot 7 =$ ___ $10 \cdot 2 =$ ___ $10 \cdot 3 =$ ___

   $9 \cdot 5 =$ ___ $9 \cdot 9 =$ ___ $9 \cdot 7 =$ ___ $9 \cdot 2 =$ ___ $9 \cdot 3 =$ ___

b) $10 \cdot 6 =$ ___ $10 \cdot 10 =$ ___ $10 \cdot 4 =$ ___ $10 \cdot 8 =$ ___

   $9 \cdot 6 =$ ___ $9 \cdot 10 =$ ___ $9 \cdot 4 =$ ___ $9 \cdot 8 =$ ___

3 Die Nachbaraufgabe mit 10 hilft. Schreibe auf und rechne zuerst.

$9 \cdot 8 =$ ___ $9 \cdot 6 =$ ___ $9 \cdot 7 =$ ___ $9 \cdot 4 =$ ___ $9 \cdot 3 =$ ___

$10 \cdot 8 =$ ___ $\cdot$ ___ $=$ ___   ___ $\cdot$ ___ $=$ ___   ___ $\cdot$ ___ $=$ ___   ___ $\cdot$ ___ $=$ ___

4 Welche Bälle gehören in welchen Korb? Verbinde.

1 Das Doppelte – die Hälfte. Suche zu jeder ·10-Aufgabe die passende
·5-Aufgabe. Verbinde und rechne.

a)
$3 \cdot 10 =$ ____ $5 \cdot 5 =$ ____   b) $9 \cdot 10 =$ ____ $6 \cdot 5 =$ ____

$5 \cdot 10 =$ ____ $4 \cdot 5 =$ ____ $8 \cdot 10 =$ ____ $9 \cdot 5 =$ ____

$4 \cdot 10 =$ ____ $3 \cdot 5 =$ ____ $6 \cdot 10 =$ ____ $8 \cdot 5 =$ ____

2 Rechne aus.

a) $2 \cdot 5 =$ ____   b) $6 \cdot 5 =$ ____   c) $1 \cdot 5 =$ ____   d) $9 \cdot 5 =$ ____

$4 \cdot 5 =$ ____ $5 \cdot 5 =$ ____ $8 \cdot 5 =$ ____ $0 \cdot 5 =$ ____

$3 \cdot 5 =$ ____ $10 \cdot 5 =$ ____ $7 \cdot 5 =$ ____ $1 \cdot 5 =$ ____

3 Nachbaraufgaben

a) $5 \cdot 5 =$ ____   b) $8 \cdot 5 =$ ____   c) $2 \cdot 5 =$ ____

$6 \cdot 5 =$ ____ $9 \cdot 5 =$ ____ $3 \cdot 5 =$ ____

$7 \cdot 5 =$ ____ $10 \cdot 5 =$ ____ $4 \cdot 5 =$ ____

4 Schreibe Malaufgaben zu diesen Ergebnissen auf.

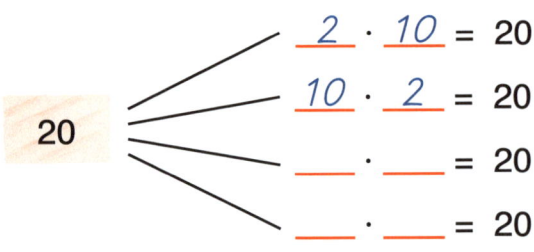

$2 \cdot 10 = 20$
$10 \cdot 2 = 20$
____ · ____ $= 20$
____ · ____ $= 20$

20

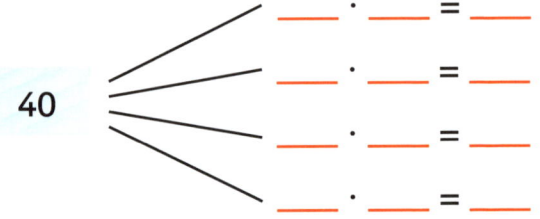

40

____ · ____ $=$ ____
____ · ____ $=$ ____
____ · ____ $=$ ____
____ · ____ $=$ ____

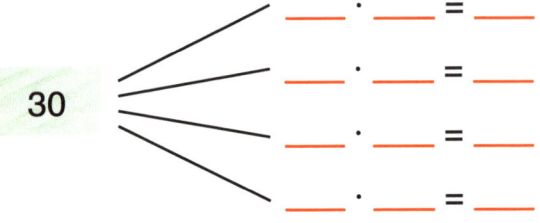

30

____ · ____ $=$ ____
____ · ____ $=$ ____
____ · ____ $=$ ____
____ · ____ $=$ ____

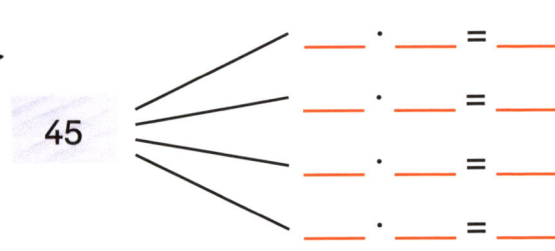

45

____ · ____ $=$ ____
____ · ____ $=$ ____
____ · ____ $=$ ____
____ · ____ $=$ ____

① Kernaufgaben aus der Einmaleinstabelle

a)

· 2	2 ·
1 · 2 = ___	2 · 1 = ___
2 · 2 = ___	2 · 2 = ___
3 · 2 = ___	2 · __ = ___
4 · 2 = ___	
5 · 2 = ___	
6 · 2 = ___	
7 · 2 = ___	
8 · 2 = ___	
9 · 2 = ___	
10 · 2 = ___	

· 5	5 ·
1 · 5 = ___	5 · 1 = ___
2 · 5 = ___	5 · 2 = ___
3 · 5 = ___	5 · __ = ___
4 · 5 = ___	
5 · 5 = ___	
6 · 5 = ___	
7 · 5 = ___	
8 · 5 = ___	
9 · 5 = ___	
10 · 5 = ___	

Lerne sie auswendig. Du musst sie im Schlaf können!

$1 \cdot 2 = 2$
$2 \cdot 2 = \underline{4}$

· 10	10 ·
1 · 10 = ___	10 · 1 = ___
2 · 10 = ___	10 · 2 = ___
3 · 10 = ___	10 · __ = ___
4 · 10 = ___	
5 · 10 = ___	
6 · 10 = ___	
7 · 10 = ___	
8 · 10 = ___	
9 · 10 = ___	
10 · 10 = ___	

Quadrataufgaben	
1 · 1 = ___	
2 · 2 = ___	
3 · 3 = ___	
4 · 4 = ___	
5 · 5 = ___	
6 · 6 = ___	
7 · 7 = ___	
8 · 8 = ___	
9 · 9 = ___	
10 · 10 = ___	

Da fehlen doch Aufgaben – oder?

b) Suche alle blauen Aufgaben. Schreibe sie auf.

___ ___ ___ ___ ___ ___

Suche alle grünen Aufgaben. Schreibe sie auf.

___ ___ ___ ___ ___ ___

c) Suche Aufgaben mit dem Ergebnis …

㉚ ㊵ ⑳

_6 · 5_ ___ ___ ___

___ ___ ___

Einmaleinstraining ②

① Immer das Doppelte

4 · 2 = ___	5 · 2 = ___	6 · 2 = ___	2 · 7 = ___
4 · 4 = ___	5 · 4 = ___	6 · 4 = ___	4 · 7 = ___
4 · 8 = ___	5 · 8 = ___	6 · 8 = ___	8 · 7 = ___
7 · 5 = ___	8 · 5 = ___	4 · 5 = ___	5 · 3 = ___
7 · 10 = ___	8 · 10 = ___	4 · 10 = ___	10 · 3 = ___

② Kernaufgaben zusammenbauen

Ich baue 7 · 4 aus 5 · 4 und 2 · 4.

4 · 6 = ___
2 · 6 = ___   2 · 6 = ___

___
5 · 8 = ___   2 · 8 = ___

___
5 · 4 = ___   2 · 4 = ___

___
3 · 3 = ___   5 · 3 = ___

___
5 · 9 = ___   2 · 9 = ___

___
2 · 6 = ___   5 · 6 = ___

③ Aus der Einmaleinstabelle

4 · 3 = ___	4 · 4 = ___	4 · 5 = ___
5 · 3 = ___	5 · 4 = ___	5 · 5 = ___
6 · 3 = ___	6 · 4 = ___	6 · 5 = ___
7 · 3 = ___	7 · 4 = ___	7 · 5 = ___

7 · 7 = ___	7 · 8 = ___	7 · 9 = ___
8 · 7 = ___	8 · 8 = ___	8 · 9 = ___
9 · 7 = ___	9 · 8 = ___	9 · 9 = ___
10 · 7 = ___	10 · 8 = ___	10 · 9 = ___

④ Rechne geschickt. Beginne mit der Kernaufgabe.

a) 8 · 3 = ___	b) 5 · 6 = ___	c) 5 · 4 = ___	d) 8 · 8 = ___	e) 7 · 4 = ___
9 · 3 = ___	6 · 6 = ___	6 · 4 = ___	8 · 9 = ___	7 · 5 = ___
10 · 3 = ___	7 · 6 = ___	7 · 4 = ___	8 · 10 = ___	7 · 6 = ___

⭐ **⑤** Finde die Fehler und berichtige.

a) 6 · 5 = 2̶0̶ *30*   3 · 3 = 9 ___   b) 6 · 6 = 36 ___   9 · 9 = 81 ___

5 · 5 = 25 ✓   4 · 3 = 11 ___   7 · 6 = 44 ___   8 · 9 = 72 ___

4 · 5 = 40 ___   5 · 3 = 15 ___   8 · 6 = 48 ___   7 · 9 = 64 ___

nach links   geradeaus   nach rechts

(1) Zeichne und beschreibe die Wege auf dem Spielplatz.

    a) Leon geht zur Brücke. Er geht _____ und dann _____.

    Er geht dann _____ und dann weiter _____.

    b) Amelie geht zur Holzhütte. Sie _____

    _____

    c) Erkan geht zum Tippi. _____

    _____

(2) a) Amelie geht ein Stück geradeaus. Was sieht sie an der nächsten Kreuzung links? Male.

    b) Erkan geht ein Stück geradeaus und biegt dann rechts ab. Was sieht er links? Male.

(3) Wo kommen die Kinder an?

    a) Erkan geht ein Stück geradeaus und biegt nach links ab. _____

    b) Amelie geht geradeaus und biegt dann links ab. Sie geht weiter

    geradeaus und biegt nochmals links ab. _____

    c) Leon geht geradeaus, biegt links ab und dann rechts. _____

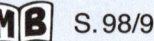

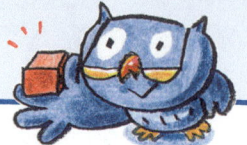

MB S. 98/99

① Wie viele Würfel haben diese Treppen?

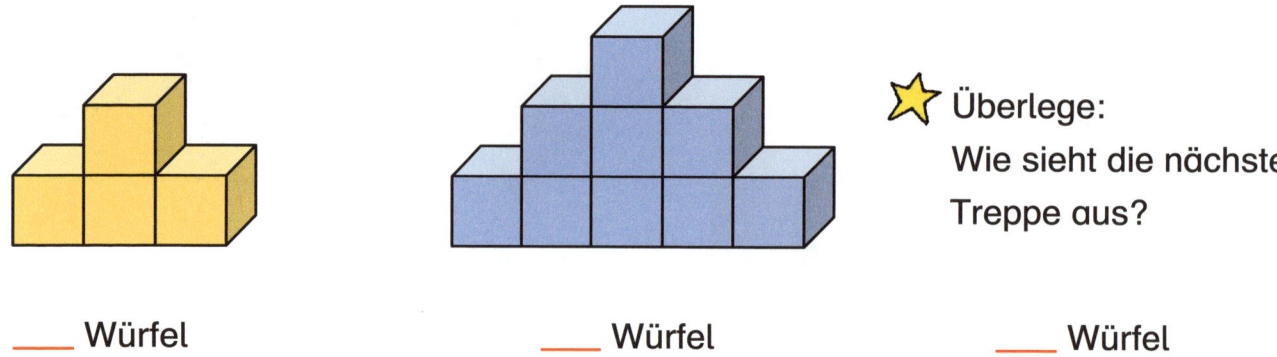

☆ Überlege:
Wie sieht die nächste Treppe aus?

___ Würfel ___ Würfel ___ Würfel

② Ergänze die Baupläne.

a)

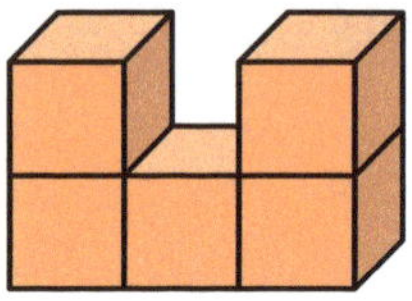

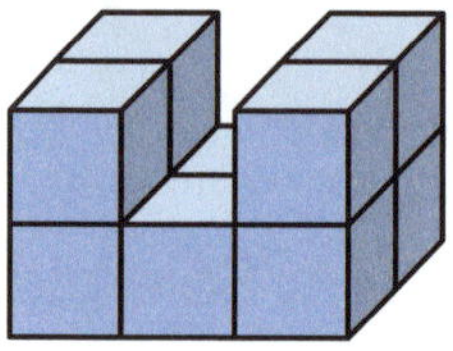

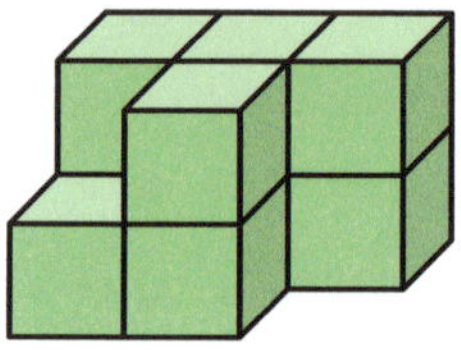

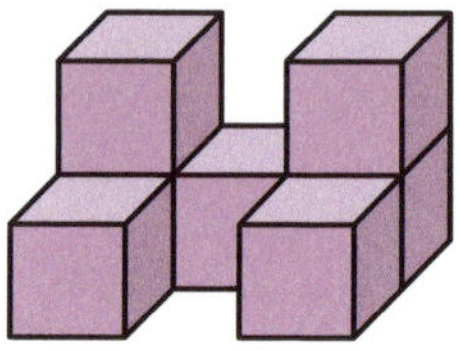

2		

b)

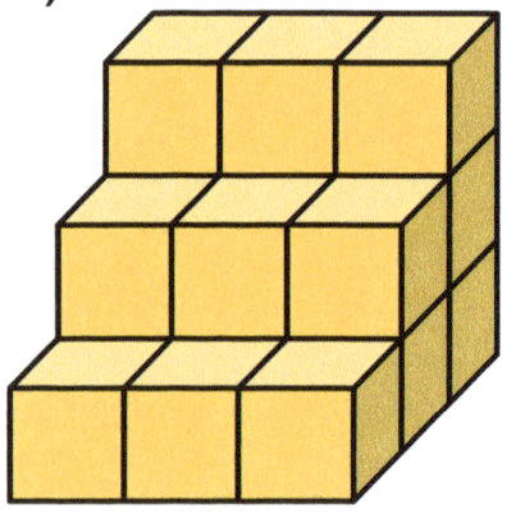

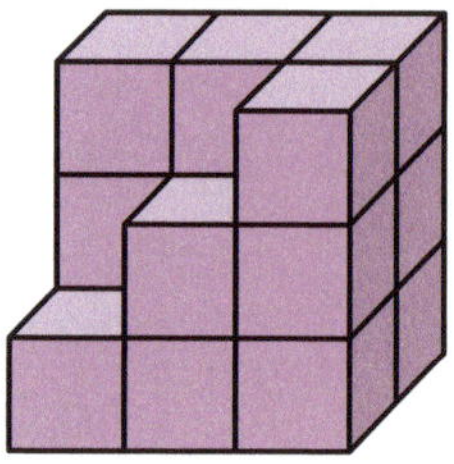

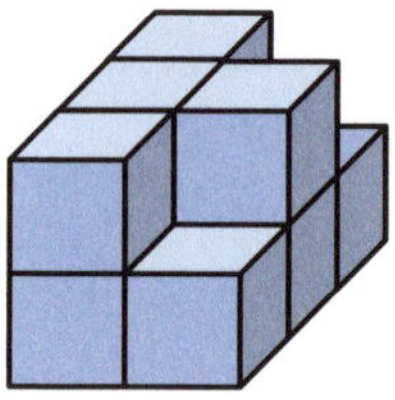

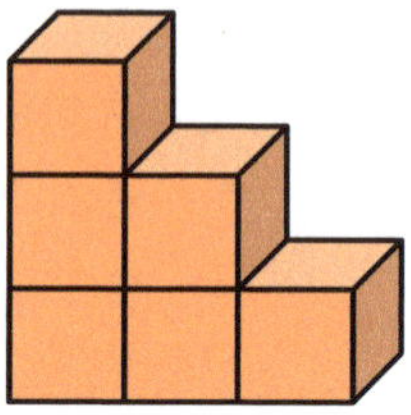

1 Teile gerecht. Zeichne ein, wie du teilst.

   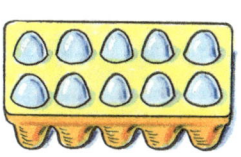 

in 2 Teile   in 6 Teile   in 3 Teile   in 2 Teile   in 4 Teile

2 Wie wurde hier geteilt?

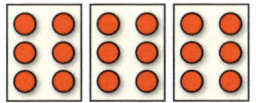 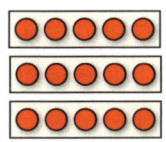 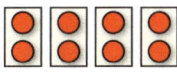 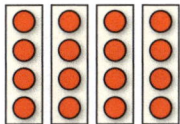

18 : 3 = _____   _____   _____   _____

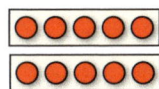  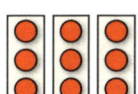 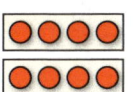

_____   _____   _____   _____

3 Teile die Punktefelder. Suche für jede Anzahl verschiedene Möglichkeiten.

a) 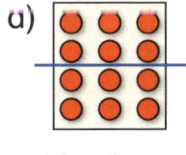 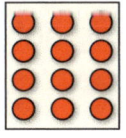 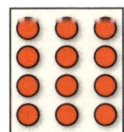 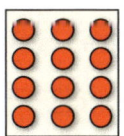   b)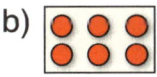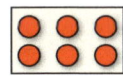

12 : 2 = _____   _____   _____   _____

4 Frau Kern hat 36 Kekse gebacken.
„36 Kekse für mich, fein!" $36 : 1 =$ ___

Da kommt Franz vorbei.
„Ich werde ihm die Hälfte geben!" $36 : 2 =$ ___

Jetzt kommt noch ihre Tochter Evi.
„Dann teilen wir durch 3." $36 : 3 =$ ___

Es klingelt, die Nachbarin ist da.
„Nun wird durch 4 geteilt." $36 : 4 =$ ___

Zum Schluss kommen noch 2 Besucher.
„Jetzt teilen wir durch ___." $36 : \underline{} =$ ___

1 Fasse zusammen. Immer gleich viele.

$17 : 4 =$ **R**

$\cdot\, 4 =$

$+\ \ = 17$

$10 : 3 =$ **R**

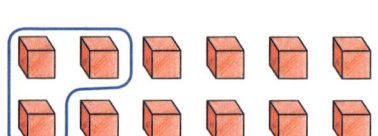

2 Immer 12 Steine. Baue Türme. Schreibe die Rechnung auf.

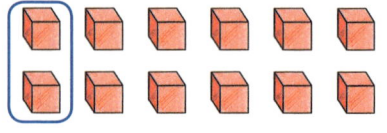

$12 : 2 =$

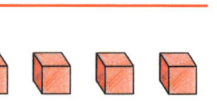

$12 : 3 =$

3 Zeichne 5er-Türme. Wann bleibt etwas übrig?

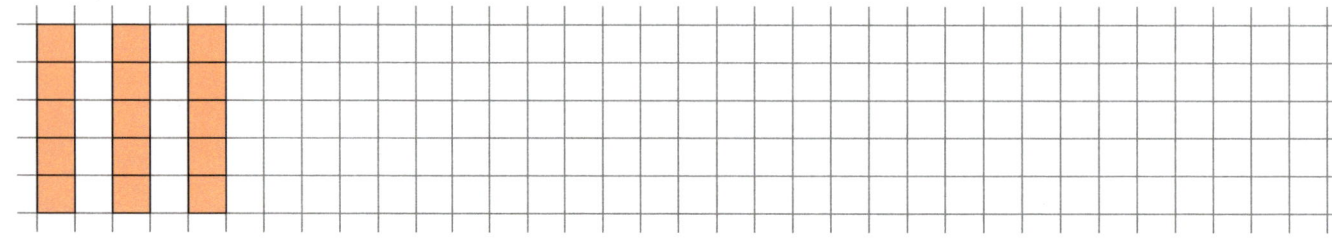

$15 : 5 = \underline{\ 3\ }$ $18 : 5 = \underline{\hspace{2cm}}$ $23 : 5 = \underline{\hspace{2cm}}$ $25 : 5 = \underline{\hspace{2cm}}$

Malnehmen und Teilen gehören zusammen

① Färbe Malaufgabe und Geteiltaufgabe, die zusammen gehören, gleich. Rechne.

7 · 2 = ___

45 : 5 = ___

3 · 3 = ___   9 · 9 = ___   9 : 3 = ___   10 : 2 = ___

4 · 10 = ___   5 · 2 = ___   81 : 9 = ___   40 : 10 = ___

9 · 5 = ___   14 : 2 = ___

② Ein Feld – 2 Malaufgaben, 2 Geteiltaufgaben. Zeichne und rechne.

a)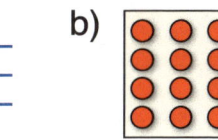
$2 · 4 = 8$
$4 · 2 =$
$8 : 2 =$
$8 : 4 =$

b) 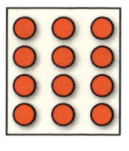 _____ _____

c) _____ _____

d) _____ _____

③ Rechne die Malaufgabe und suche die passenden Geteiltaufgaben.

a) 9 · 5 = ___
45 : 5 = ___
45 : 9 = ___

6 · 6 = ___

b) 7 · 10 = ___
_____
_____

10 · 5 = ___

c) 8 · 8 = ___
_____
_____

6 · 2 = ___

d) 2 · 5 = ___
_____
_____

9 · 10 = ___

④ Rechne. Denke an die Malaufgabe.

a) 16 : 2 = ___   b) 4 : 2 = ___   c) 90 : 10 = ___   d) 80 : 8 = ___   e) 10 : 2 = ___

40 : 8 = ___   12 : 6 = ___   25 : 5 = ___   16 : 4 = ___   60 : 6 = ___

30 : 5 = ___   35 : 7 = ___   20 : 4 = ___   6 : 3 = ___   20 : 5 = ___

9 : 3 = ___   15 : 5 = ___   50 : 5 = ___   18 : 2 = ___   100 : 10 = ___

© Oldenbourg, Zahlenzauber 2 AH

1 3 Zahlen – 4 Aufgaben

a)

5 · _____ = _____
7 · _____ = _____
35 : _____ = _____
35 : _____ = _____

b)

c)

d)

e)

f)

2 Eine Zahl fehlt. Schreibe alle 4 Aufgaben auf.

3 Finde die passende Malaufgabe. Rechne beide Aufgaben.

a) 40 : 8 = ___   36 : 6 = ___   81 : 9 = ___   45 : 5 = ___

8 · ___ = ___   6 · ___ = ___   9 · ___ = ___   5 · ___ = ___

b) 25 : 5 = ___   64 : 8 = ___   49 : 7 = ___   70 : 10 = ___

5 · ___ = ___   8 · ___ = ___   7 · ___ = ___   10 · ___ = ___

1 Wie heißt die Zauberregel? Schreibe auf und finde weitere Zahlenpaare.

a)

· 2	
4	8
6	12

b)

◯	
6	30
5	25
0	

c)

◯	
10	100
6	60
1	

2 Finde Paare zu diesen Zauberregeln.

a)

· 1	
7	
10	
4	
13	

b)

: 2	
18	
6	
2	
20	

c)

· 0	
6	
40	
19	
3	

d)

: 5	
15	
45	
20	
5	

3 Erste oder zweite Zahl gesucht

a)

· 3	
	15
	3
	30
	9

b)

· 4	
	16
	20
3	
9	

c)

: 1	
	6
	12
	4
	8

d)

: 10	
	10
10	
	8
60	

★ **4** Hier sind Paare von zwei Zauberregeln durcheinander geraten. Ordne.

1 Welche Rechnungen gehören zu welchen Bildern oder Geschichten?
Verbinde. Passen alle Rechnungen?

| Die Schuhe von Michael, Clara und Maximilian stehen vor der Tür. |  | Maria hat 3 Deutschhefte und 2 Mathematikhefte. |

$3 \cdot 2 =$ _____ $2 \cdot 3 =$ _____ $3 + 2 =$ _____ $3 - 2 =$ _____

2 Schreibe die Rechnungen zu den Bildern auf.

a)

5 Bücher?

_____

6 Bücher?

_____

b)
Reifenwechsel
6 Autos?

_____

5 Autos?

_____

c)
In 7 Wochen habe ich Geburtstag.
Wie viele Tage?

_____

6 Wochen – Wie viele Tage?

_____

d)
4 Reihen?

_____

9 Reihen?

_____

3 Malaufgabe gesucht. Färbe sie im Bild und schreibe die Aufgabe in
derselben Farbe auf.

_____

_____

_____

_____

_____

_____

1 Welche Rechnung gehört zum Bild, welche zum Text?
Rechne und verbinde.

a)
20 Nüsse werden an
5 Kinder verteilt.
Wie viele Nüsse erhält
jedes Kind?

20 : 4 = ____

20 : 5 = ____

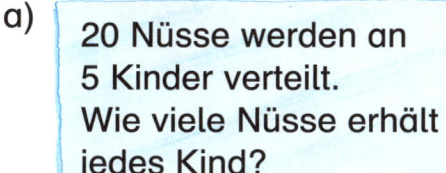

b)

14 : 2 = ____

14 : 7 = ____

14 Kinder werden in
Siebenergruppen
aufgeteilt. Wie viele
Gruppen sind es?

2 Schreibe die Rechnungen zu den Bildern auf.

a)

Wie viele
Bilder?

_____

b)

4 €

Wie viele Becher
für 20 €?

_____

c)

Wie viele Luftballons
für jedes Kind?

_____

d)
In 35 Tagen habe
ich Geburtstag.

In wie vielen
Wochen?

_____

★ 3 a)
Eine Spinne hat 8 Beine.

Wie viele Spinnen sind es,
wenn du 24 Beine zählst?
_____ Spinnen

Und wenn du 40 Beine zählst?
_____ Spinnen

b)
Eine Fliege hat 6 Beine.

Wie viele Fliegen sind es,
wenn du 24 Beine zählst?
_____ Fliegen

Und wenn du 60 Beine zählst?
_____ Fliegen

① Welche Aufgaben gehören zu welchem Luftballon? Verbinde.

② Löse die Aufgaben durch Zusammenbauen.

$6 \cdot 8 =$ ___

$5 \cdot 8 =$ ___ $1 \cdot 8 =$ ___

$8 \cdot 7 =$ ___

$3 \cdot 8 =$ ___

$7 \cdot 6 =$ ___

$7 \cdot 3 =$ ___

$6 \cdot 4 =$ ___

③ Eine Zahl fehlt. Schreibe alle 4 Aufgaben auf.

④ Welche Geteiltaufgabe und welche Malaufgabe gehören zusammen?
Rechne und male mit der gleichen Farbe aus.

| $16 : 2 =$ ___ | $30 : 10 =$ ___ | $20 : 5 =$ ___ | $10 : 2 =$ ___ | $36 : 6 =$ ___ |

| $3 \cdot$ ___ $= 30$ | $5 \cdot$ ___ $= 10$ | $6 \cdot$ ___ $= 36$ | $8 \cdot$ ___ $= 16$ | $4 \cdot$ ___ $= 20$ |

1 Miss die Strecken und trage die Längen ein.

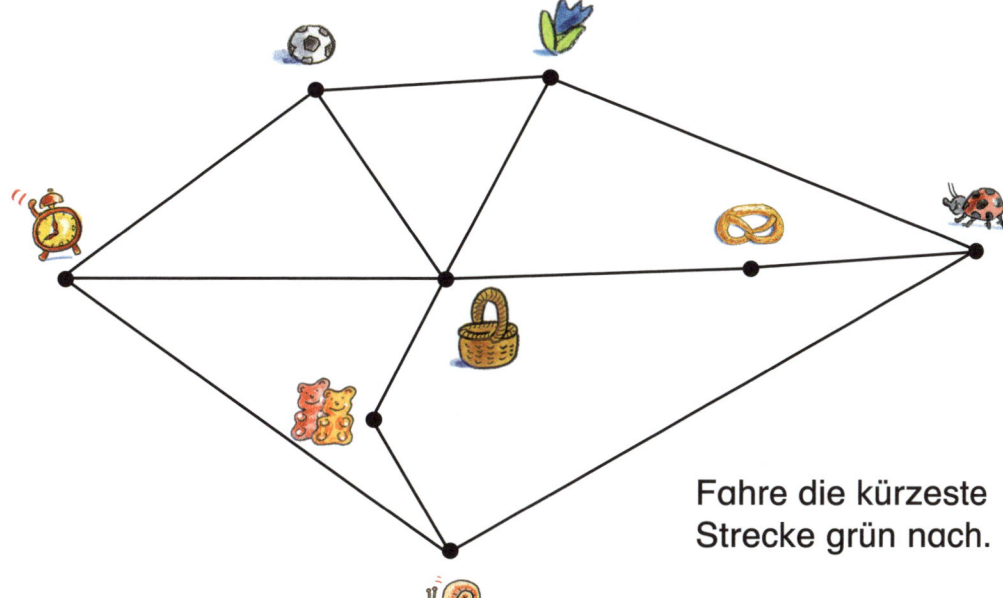

Fahre die kürzeste Strecke grün nach.

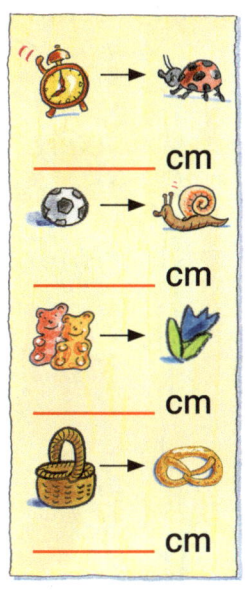

_____ cm

_____ cm

_____ cm

_____ cm

2 a) Verbinde die Punkte mit dem Lineal.
A – B – C – A
D – E – F – D
G – H – I – G
J – K – L – J
M – N – P – O – M

b) Färbe die Flächen mit verschiedenen Farben.

c) Miss die Strecken.
$\overline{AB}$: _____ cm
$\overline{AC}$: _____ cm
$\overline{DF}$: _____ cm
$\overline{OP}$: _____ cm

A•　　　　　　　　　　　　　　　　H•

M•　　•N

C•　　　•G

E•　　　•J　　　　I•

B•

K•

D•

F•　　　O•　•P　　　L•

3 A•　　H•　　•D

a) Zeichne die Strecken ein und miss die Längen:
$\overline{AB}$: _____ cm　$\overline{EF}$: _____ cm
$\overline{CD}$: _____ cm　$\overline{GH}$: _____ cm

•F

b) Wie viele Dreiecke sind entstanden? _____

C•

E•

G•　　•B

⭐ c) Verbinde weitere Punkte so, dass 5 weitere Dreiecke entstehen.

1 Schlagball-Weitwurf-Wettkampf

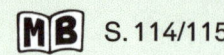

1. Wurf | 2. Wurf

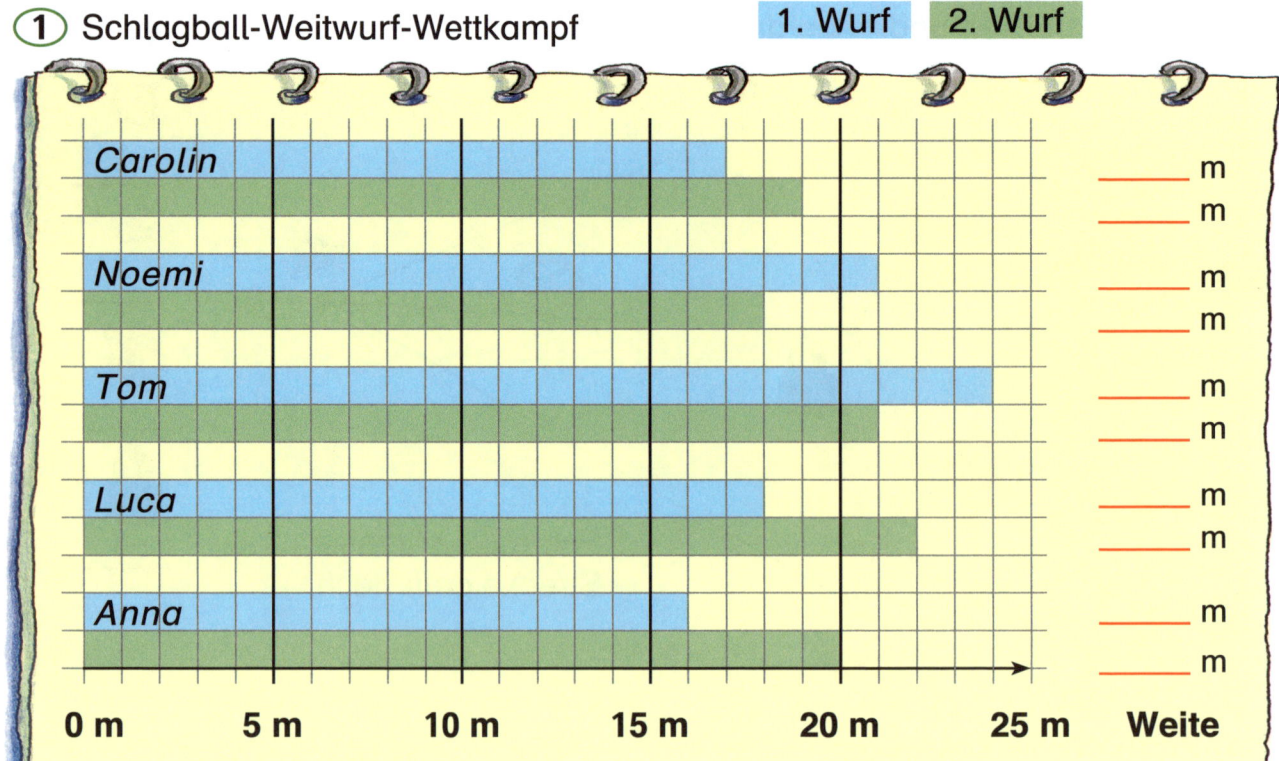

a) Lies aus dem Schaubild die einzelnen Wurfweiten ab. Notiere sie rechts.

b) Rechne bei jedem Teilnehmer beide Würfe zusammen. Wer ist der Sieger? Kreise ein.

Name	Gesamt-Wurfweite
Carolin	17 m + _19_ m = ___ m
Noemi	_____
Tom	_____
Luca	_____
Anna	_____

2 Ergänze das Schaubild.

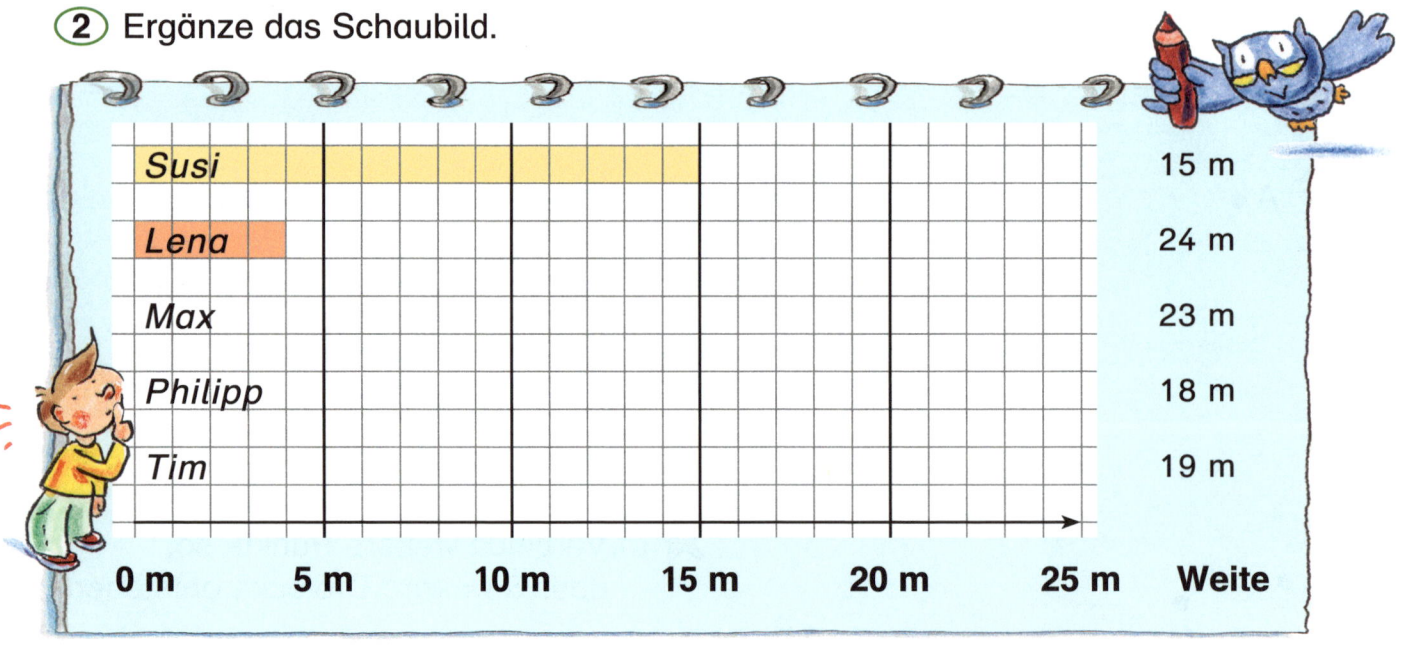

Rechnen mit Metern und Zentimetern

1 Verlängere die Strecken um 2 cm.
Schreibe die Rechnung daneben.

a) |————————————|————————| *6 cm* + *2 cm* = ___ cm

b) |—————————————————————|············   _____

c) |——————————————————|············   _____

d) |———————————|············   _____

Verdopple diese Strecken. Schreibe die Rechnung daneben.

e) |——|···························   *1 cm* + *1 cm* = ___ cm

f) |————————|···················   _____

g) |——————|·····················   _____

h) |—————————|··················   _____

2 Ergänze auf 1 m.

1 m sind ___ cm.

50 cm + ___ cm = 1 m   25 cm + ___ cm = 1 m

99 cm + ___ cm = 1 m   14 cm + ___ cm = 1 m

63 cm + ___ cm = 1 m   80 cm + ___ cm = 1 m

46 cm + ___ cm = 1 m   1 cm + ___ cm = 1 m

3 Ergänze oder ziehe ab.

65 cm (−) 15 cm = 50 cm   28 cm (◯) ___ cm = 50 cm

35 cm (+) 15 cm = 50 cm   8 cm (◯) ___ cm = 50 cm

100 cm (◯) ___ cm = 50 cm   80 cm (◯) ___ cm = 50 cm

24 cm (◯) ___ cm = 50 cm   47 cm (◯) ___ cm = 50 cm

0 cm (◯) ___ cm = 50 cm   1 cm (◯) ___ cm = 50 cm

4 Ergänze die Tabelle.

die Strecke	18 cm	___ cm	13 cm	35 cm	___ cm	45 cm	50 cm	___ cm
das Doppelte	___ cm	44 cm	___ cm	___ cm	62 cm	___ cm	___ cm	1 m

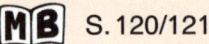
1 Baue die Mathener fertig.

2 Diese Figuren wollen Mathener werden.

3 Mathener-Zwillinge und Mathener-Drillinge gesucht.

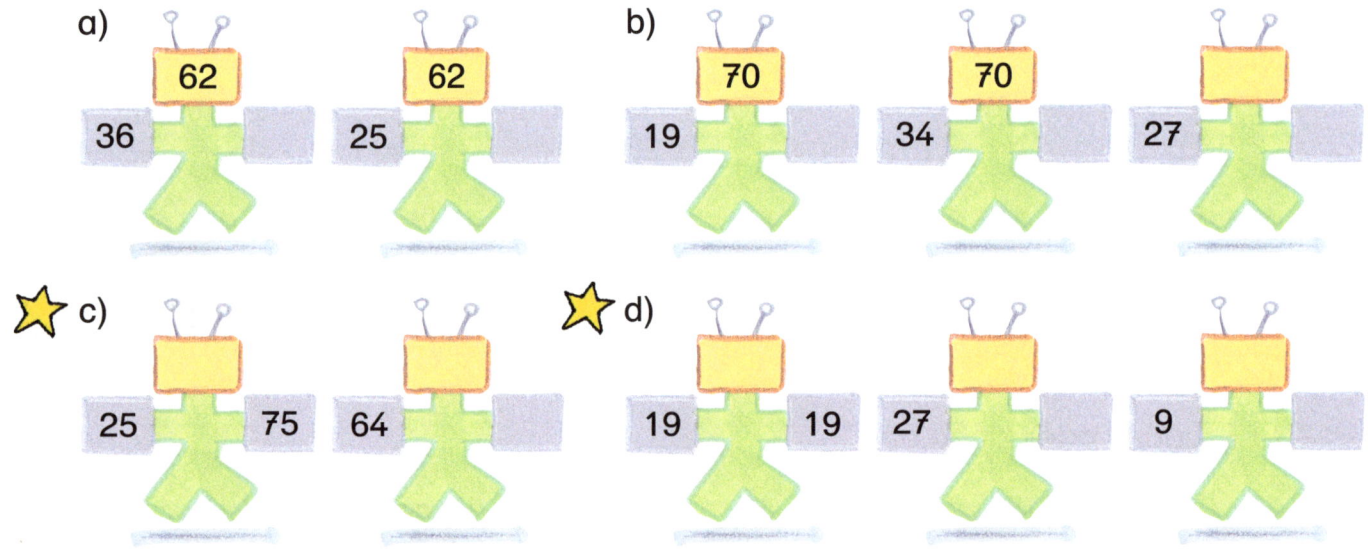

4 Ufos der Mathener: Wie sind sie aufgebaut?

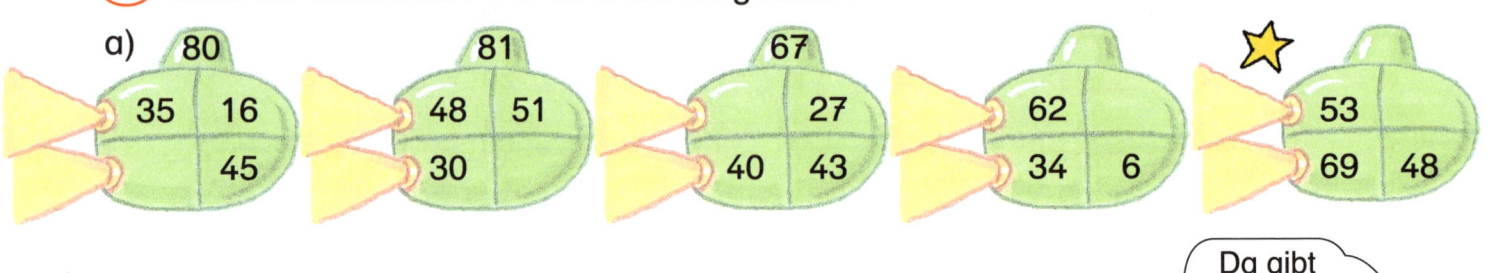

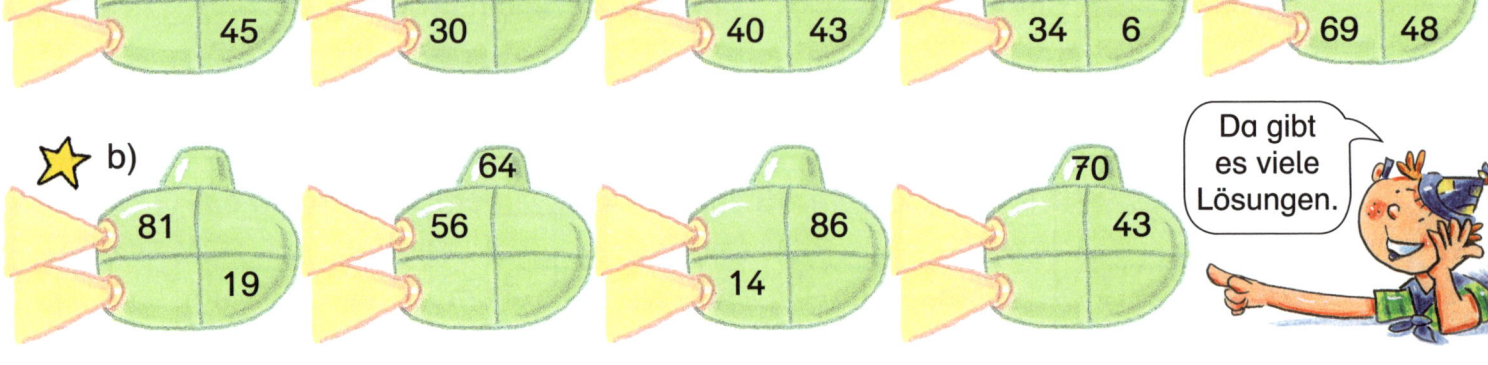

Da gibt es viele Lösungen.

① Trage die Uhrzeiten ein.
Zeichne die fehlenden Zeiger.

a)

Um diese
Zeit geht
Franz ins
Bett.

_____ Uhr.

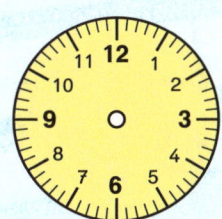

Er schläft
10 Stunden.
Wann steht
er auf?

_____ Uhr.

b)

Jetzt beginnt der
Kinofilm.

_____ Uhr.

Der Film dauert 2
Stunden. Wann ist
er zu Ende?

_____ Uhr.

c)

Mateja macht
eine Nachtwanderung.
Sie startet um
Mitternacht.

_____ Uhr.

Sie wandert 60
Minuten.
Wann ist Sie
zurück?

_____ Uhr.

② Wie viele Minuten sind seit der letzten vollen Stunde vergangen?

a)

_____ min

b)

_____ min

c)

_____ min

d)

_____ min

e)

_____ min

f)

_____ min

g)
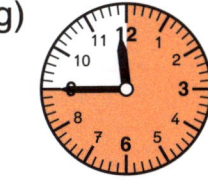
_____ min

h)

_____ min

i)

_____ min

j)

_____ min

k)

_____ min

l)
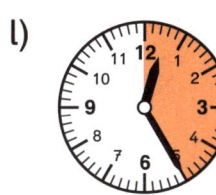
_____ min

① Ordne die Uhrzeiten den Uhren zu.
Die Buchstaben ergeben ein Lösungswort.

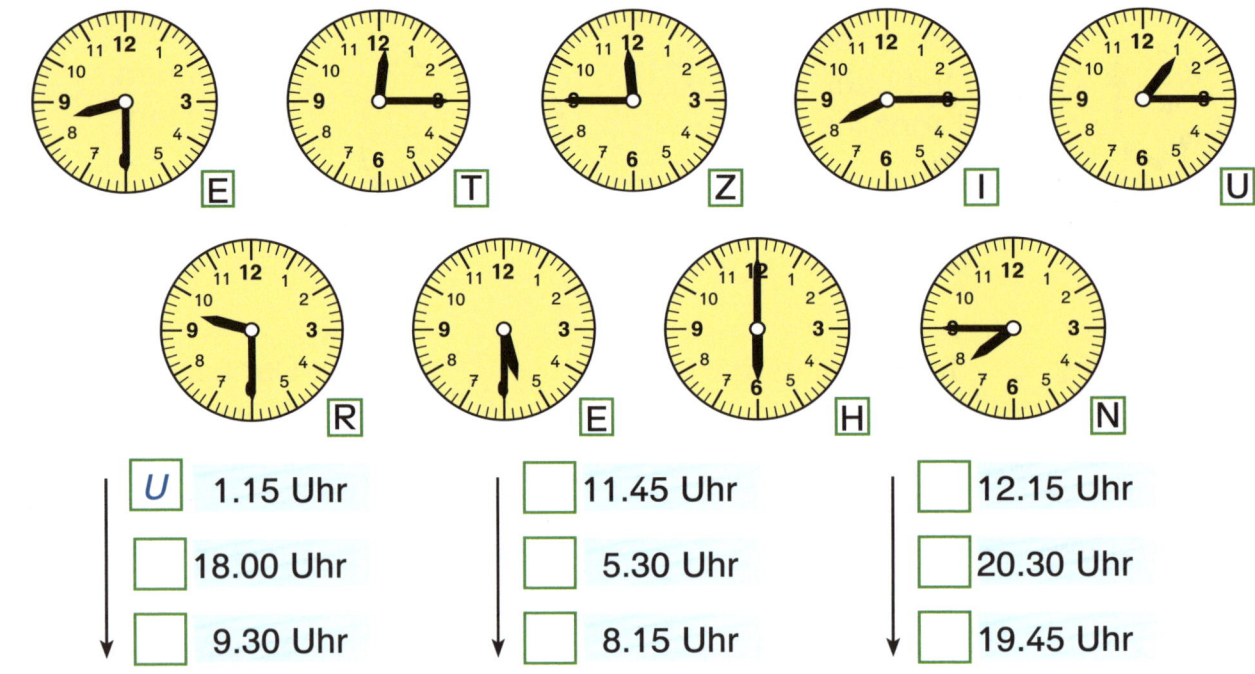

E   T   Z   I   U

R   E   H   N

U	1.15 Uhr		11.45 Uhr		12.15 Uhr
	18.00 Uhr		5.30 Uhr		20.30 Uhr
	9.30 Uhr		8.15 Uhr		19.45 Uhr

② Schreibe jeweils die beiden Uhrzeiten auf.

_8.10_ Uhr

_____ Uhr

_____ Uhr

_____ Uhr

_____ Uhr

_____ Uhr

_____ Uhr

_____ Uhr

_____ Uhr

_____ Uhr

_____ Uhr

_____ Uhr

_____ Uhr

_____ Uhr

_____ Uhr

_____ Uhr

_____ Uhr

_____ Uhr

_____ Uhr

_____ Uhr

_____ Uhr

_____ Uhr

_____ Uhr

_____ Uhr

74

① Zeichne den Minutenzeiger ein.

a)
8.30 Uhr

b)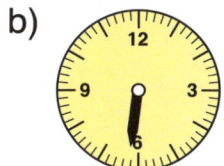
6.15 Uhr

c)
19.55 Uhr

d)
10.35 Uhr

e)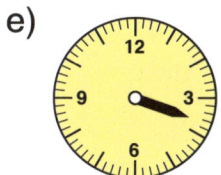
15.45 Uhr

f)
7.50 Uhr

g)
9.50 Uhr

h)
12.10 Uhr

② Immer drei Zeitangaben gehören zusammen.
Male sie mit der gleichen Farbe aus.

8.15 Uhr

3.45 Uhr

11.30 Uhr

1.45 Uhr

13.45 Uhr

23.30 Uhr

20.15 Uhr

15.45 Uhr

drei viertel vier

Viertel nach acht

Viertel vor zwei

halb zwölf

 ③ Zeichne den Stundenzeiger ein.

a)
20.10 Uhr

b)
16.30 Uhr

c)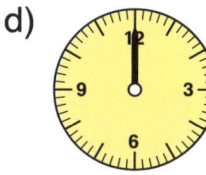
4.00 Uhr

d)
20.00 Uhr

e)
7.15 Uhr

f)
21.40 Uhr

g)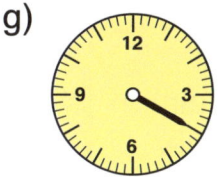
13.20 Uhr

h)
14.05 Uhr

© Oldenbourg, Zahlenzauber 2 AH

 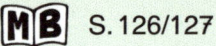

1 Schreibe Rechnungen zu den Geschichten. Male die fehlenden Bilder.

a) Dagobert hat 84 Taler in seinem Beutel. | Es fallen Taler und Scheine heraus. | Nun hat er noch 78 Taler.

84 _____

b) Dagobert hat Geld in seinem Beutel. | Er gibt 65 Taler dazu. | Nun hat er 94 Taler.

_____

2 Wie heißt die Rechnung? Schreibe sie auf.

a) Dagobert geht ins Restaurant. Er hat 100 Taler dabei. | Er isst für 48 Taler. | Mit wie vielen Talern geht er nach Hause?

100 _____

b) Dagobert versteckt Geld unter seinem Hut. | In seiner Manteltasche hat er 47 Taler. | Insgesamt trägt er 100 Taler bei sich.

_____

c) Dagobert hat in seinem kleinen Tresor 86 Taler. | Die Panzerknacker stehlen das Geld aus dem Tresor. | Nun ist der Tresor leer.

_____

Der Zauberkoch empfiehlt

Rattenschwanz-suppe	3,- €	Zaubertrank	2,50 €
Salat Eulalia	4,50 €	Holunderwein	2,- €
grüne Zauber-nudeln	6,- €	Beerenmus mit Eis	5,- €
lila Mäuse gegrillt	8,- €		

1 Wie hoch ist die Rechnung an jedem Tisch?

Tisch 1:

Holunder-wein	2
Mäuse	1
Nudeln	1
Beerenmus	2

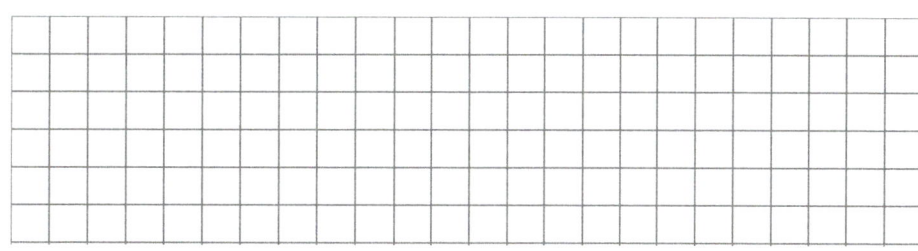

Antwort: Die Rechnung beträgt ___ €.

Tisch 2:

III	Suppe
I	Salat
I	Zauber-trank

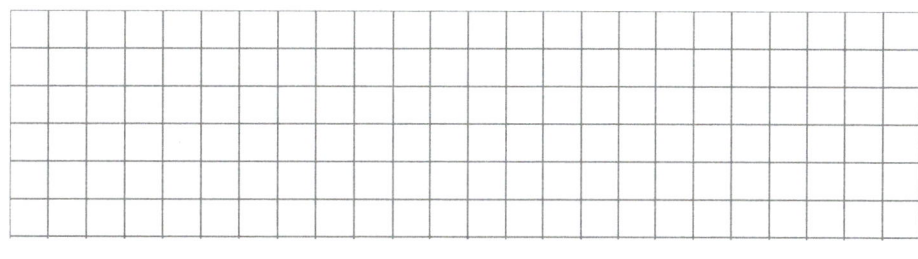

Antwort: _____

Tisch 3:

Holunder-wein	4
Beerenmus	3
Salat	2

Antwort: _____

2 So wurde bezahlt:

Rechnung	gegeben	zurück
38 €	100 €	
40,50 €	50,50 €	
15 €	50 €	

Und was ist mit dem Trinkgeld?

1 Bild und Spiegelbild?

Überprüfe das
Spiegelbild auf Fehler.
Kreuze die Fehler an.

2 Wie sieht die zweite Hälfte aus? Ergänze.

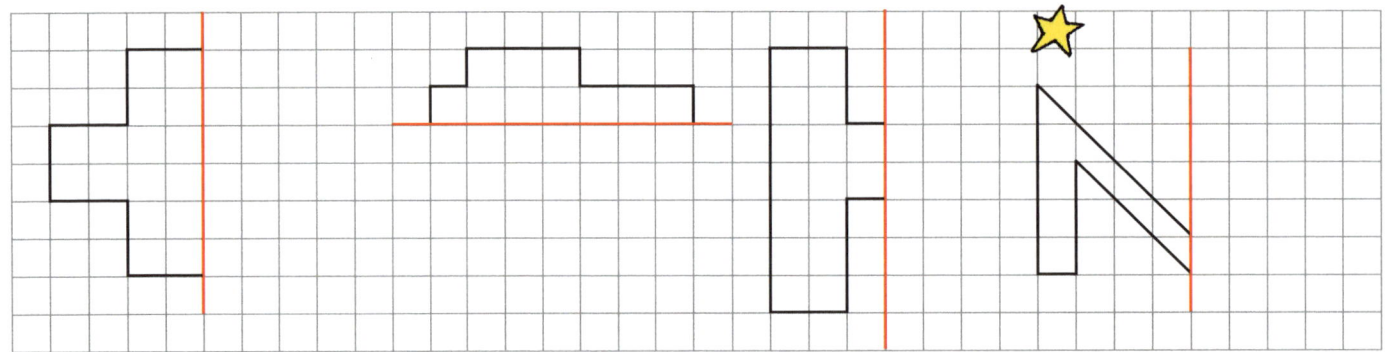

3 Symmetrisch oder nicht symmetrisch?
Überprüfe mit dem Zauberspiegel. Trage die Symmetrieachsen ein.

a) b) c) d)

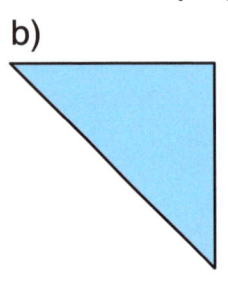
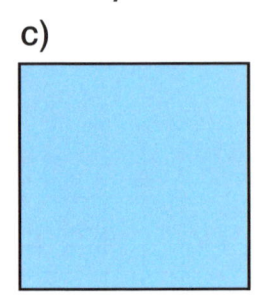
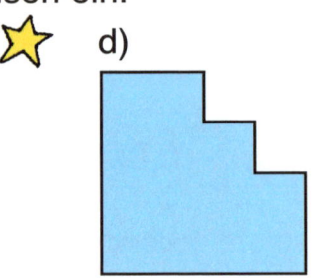

4 Zeichne eigene Figuren. Trage die Symmetrieachsen ein.
Überprüfe mit dem Spiegel.

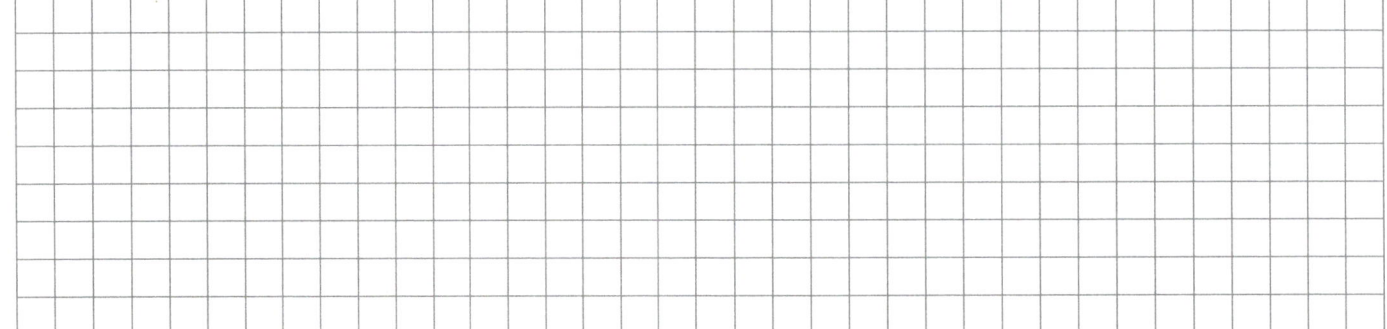

1 Die Kinder der Klasse 2 b haben eine Umfrage an ihrer Schule gemacht.
Sie wollten wissen, was die liebste Freizeitbeschäftigung der Kinder ist.
Ihre Ergebnisse haben sie in einem Schaubild dargestellt.

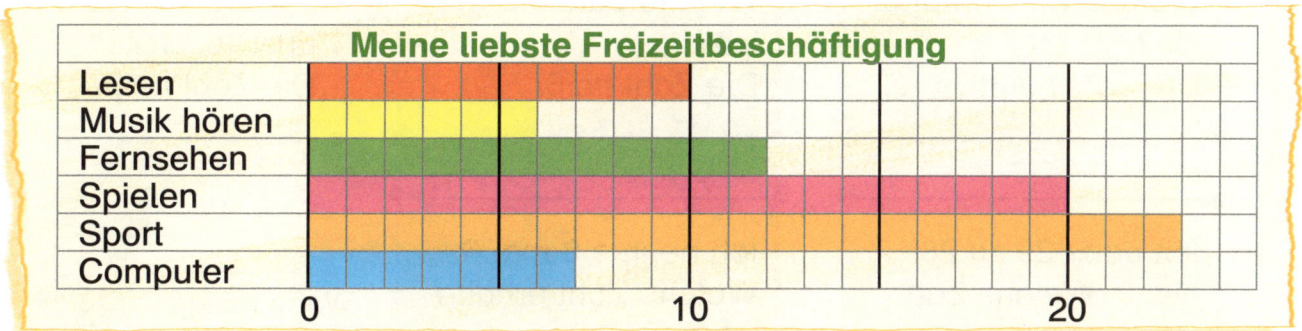

Meine liebste Freizeitbeschäftigung

Welche Aussagen stimmen? Kreuze an ☒.

☐ Die meisten Kinder treiben am liebsten Sport.

☐ Musik hören wurde selten genannt.

☐ Spielen wird am häufigsten genannt.

☐ Sport wird von mehr Kindern genannt als Lesen
und Fernsehen zusammen.

☐ Fernsehen wurde von weniger Kindern genannt als Lesen.

2 Bei Sport und Spielen wollten die Kinder es dann noch genauer wissen.

a) Die 23 Kinder wurden nach ihrer Lieblingssportart befragt. Zeichne.

Mein Lieblingssport

Reiten (3)								
Fußball (7)								
Ballett (4)								
Radfahren (5)								
Turnen (4)								

0   10   20

b) Die 20 Kinder wurden nach ihrem Lieblingsspiel befragt. Zeichne.

Mein Lieblingsspiel

Gesellschaftsspiele (2)							
Baukasten (4)							
Twister (3)							
Autos (5)							
Spielesammlung (2)							
Gameboy (4)							

0   10   20

Zahlenrätsel

① 1. Runde: Einfache Rätsel

a)
Ich teile 64 durch 8.
Welche Zahl erhalte
ich?
Die Zahl heißt ____.

b)
Ich nehme 7 mal 5.
Welche Zahl erhalte
ich?
Die Zahl heißt ____.

c)
Ich ziehe 26 von 83
ab. Welche Zahl
erhalte ich?
Die Zahl heißt ____.

d)
Ich gebe 39 zu 28
hinzu. Welche Zahl
erhalte ich?
Die Zahl heißt ____.

e)
Ich nehme 8 mal 6.
Welche Zahl erhalte
ich?
Die Zahl heißt ____.

Wenn nötig,
rechne ich auf
einem Zettel.

② 2. Runde: Schwierige Rätsel

a)
Ich denke mir die
Zahl 40, verdopple
sie und teile das
Ergebnis durch 10.
Die Zahl heißt ____.

b)
Ich denke mir die
Zahl 5 und nehme
sie mal 7. Nun zähle
ich noch 15 dazu.
Die Zahl heißt ____.

c)
Ich denke mir die Zahl
49 und teile sie durch 7.
Nun gebe ich das
Doppelte von 6 dazu.
Die Zahl heißt ____.

d)
Von der Zahl 40
ziehe ich 18 ab.
Das Ergebnis teile
ich durch 2.
Die Zahl heißt ____.

e)
Ich teile die Zahl 80
durch 8 und nehme
das Ergebnis mal 5.
Die Zahl heißt ____.

⭐ ③ 3. Runde: Superschwierige Rätsel

a)
Ich denke mir eine
Zahl. Wenn ich sie
verdopple, dann
erhalte ich 32.
Die Zahl heißt ____.

b)
Ich denke mir eine
Zahl. Wenn ich 35
dazugebe, dann
erhalte ich 56.
Die Zahl heißt ____.

c)
Ich denke mir eine
Zahl. Ich teile sie
durch 7 und erhalte 6.
Die Zahl heißt ____.

d)
Ich denke mir eine
Zahl. Ich nehme 45
weg und erhalte 27.
Die Zahl heißt ____.

e)
Ich denke mir eine
Zahl. Ich nehme sie
mal 6 und erhalte 42.
Die Zahl heißt ____.

f)
Ich denke mir eine
Zahl. Ich bilde ihre
Quadratzahl, gebe 1
hinzu und erhalte 50.
Die Zahl heißt ____.

① Male die Sterne in den passenden Farben an.

② Wie kommen Simsala und Bim zu Eulalia?
Löse die Rechnung auf dem 1. Stein. Das Ergebnis zeigt dir den Weg.
Verbinde mit Pfeilen.

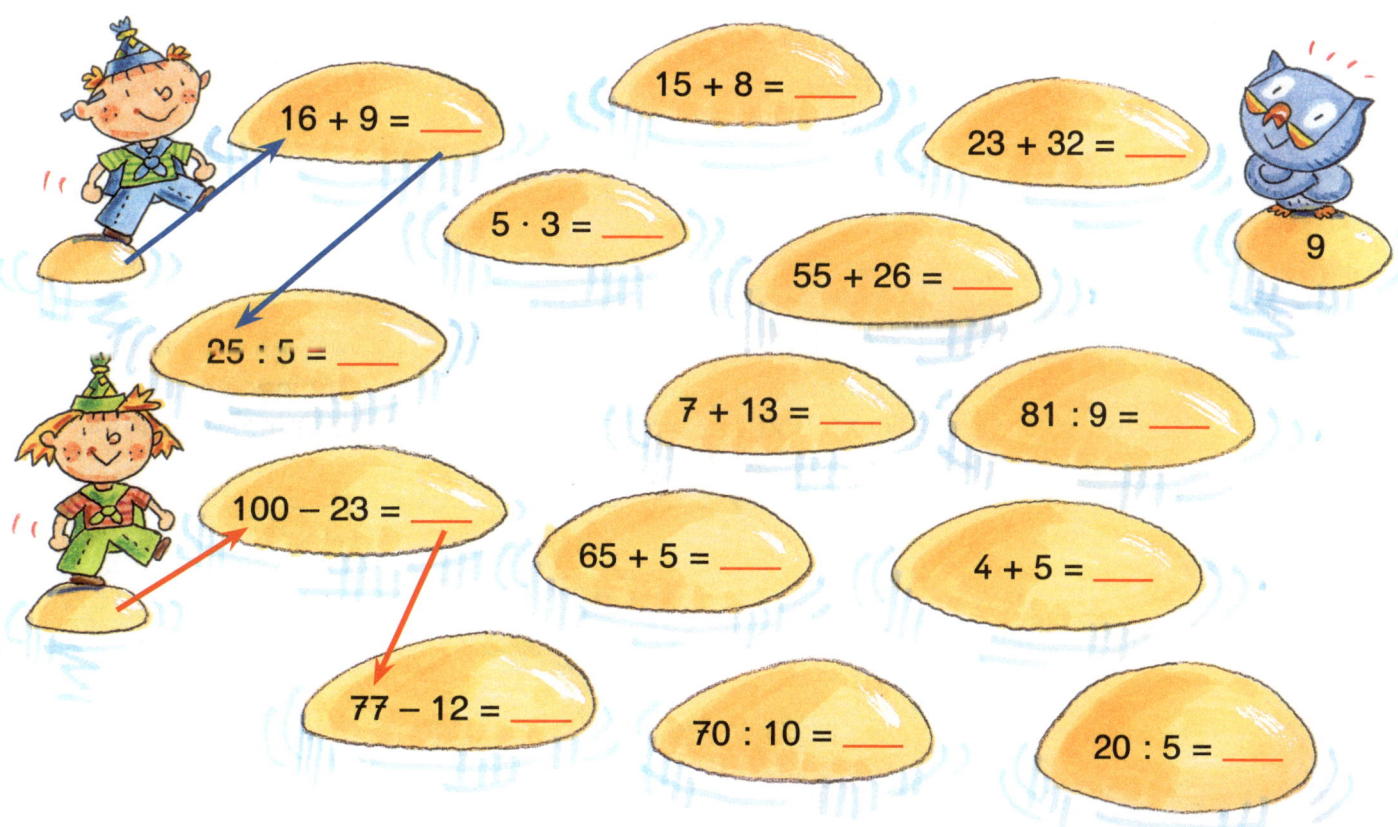

⭐ ③ Geheimschrift!

① Finde zu jedem Rätsel die passende Rechnung.
Verbinde und löse die Rechnung.

| Wenn ich meine Zahl durch 5 teile, ist das Ergebnis 7. | Ich denke mir eine Zahl, nehme sie mal 5 und das Ergebnis ist 35. | Ich teile 35 durch meine Zahl und es kommt 5 heraus. | Wenn ich 7 mit meiner Zahl malnehme, erhalte ich 35. |

| ___ · 5 = 35 | 35 : ___ = 5 | ___ : 5 = 7 | 7 · ___ = 35 |

② Schreibe zu jedem Rästel die passende Aufgabe. Rechne.

| Wenn ich meine Zahl mit 8 malnehme, ist das Ergebnis 40. | Wenn ich 20 durch meine Zahl teile, ist das Ergebnis 5. | Ich denke mir eine Zahl, teile sie durch 7. Das Ergebnis ist wieder 7. | Wenn ich 7 mit meiner Zahl malnehme, erhalte ich 56. |

___ · 8 = 40   _____   _____   _____

③ Ergänze die Texte so, dass sie zu den Aufgaben passen.

| ___ : 9 = 4 | ___ · 9 = 36 | 9 : ___ = 3 | 3 · ___ = 9 |
| Wenn ich meine Zahl durch 9 teile, erhalte ich ___. | Ich denke mir eine Zahl, nehme sie mit 9 mal und erhalte ___. | Wenn ich 9 durch meine Zahl teile, erhalte ich ___. | Wenn ich ___ mit meiner Zahl malnehme, erhalte ich 9. |

④ Geheimschrift!

 · 6 = 30    ·  = 14    :  = 8

 ·  = 10   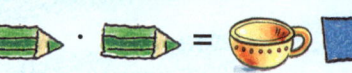 · 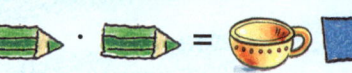 = 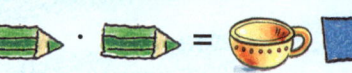    :  = 4

1

+26 →	
32	
18	
49	
	91
64	

−35 →	
96	
82	
78	
	29
100	

·2 →	
6	
9	
	20
	8
5	

:5 →	
45	
20	
	3
	8
35	

2
a) 23 + 25 = ___
46 + 33 = ___
27 + 57 = ___
44 + 56 = ___
66 + 29 = ___
38 + 37 = ___

b) 86 – 45 = ___
48 – 36 = ___
72 – 55 = ___
83 – 48 = ___
51 – 49 = ___
100 – 87 = ___

c) 5 · 8 = ___
7 · 7 = ___
9 · 10 = ___
9 · 5 = ___
4 · 4 = ___
6 · 2 = ___

d) 64 : 8 = ___
35 : 5 = ___
18 : 2 = ___
36 : 6 = ___
40 : 5 = ___
100 : 10 = ___

3 Zahlenrennen

a) Start 10 → +26 → ☐ → :6 → ☐ → ·10 → ☐ → −11 → ☐ → :7 → ☐ → ·2 → Ziel

b) Start 100 → −19 → ☐ → :9 → ☐ → ·5 → ☐ → +19 → ☐ → :8 → ☐ → ·2 → Ziel

c) Start 10 → +6 → ☐ → :4 → ☐ → ·5 → ☐ → +20 → ☐ → −31 → ☐ → ·2 → Ziel

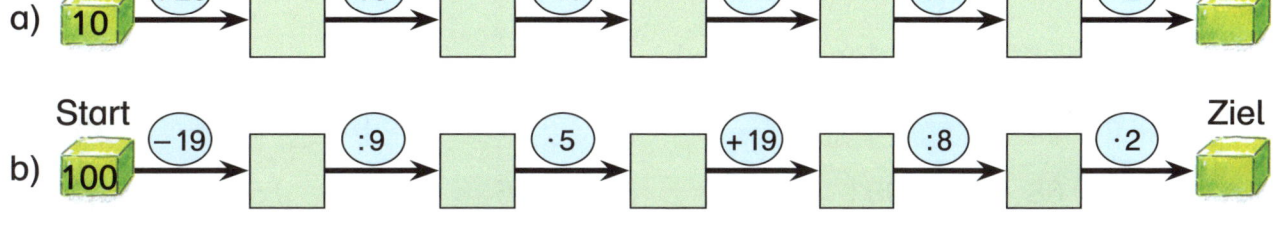
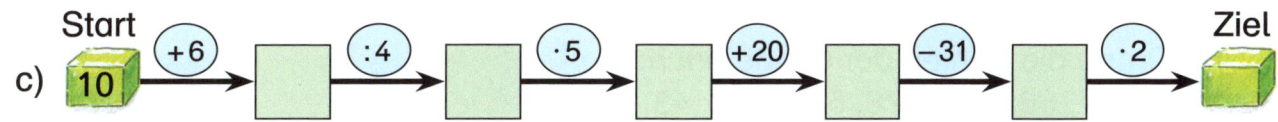

4

47 + 36 = ___ ☐
50 – 19 = ___ ☐
28 + 14 = ___ ☐
100 – 56 = ___ ☐

58 + 18 = ___ ☐
19 + 21 = ___ ☐
79 – 41 = ___ ☐
67 – 27 = ___ ☐

28 + 35 = ___ ☐
40 – 16 = ___ ☐
58 – 18 = ___ ☐
49 + 27 = ___ ☐

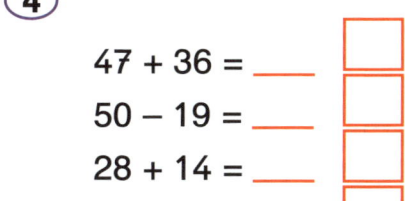

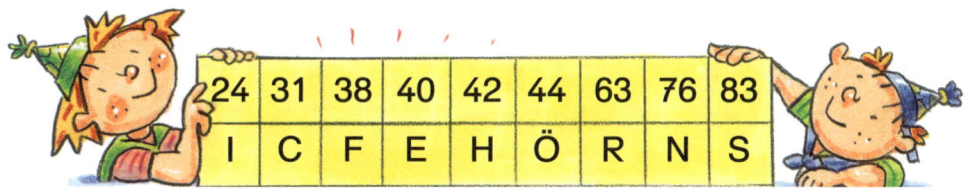

24	31	38	40	42	44	63	76	83
I	C	F	E	H	Ö	R	N	S

① Zahlen darstellen

sprechen	Z	E	zeichnen	zerlegen
siebenundsechzig	6	7	‖‖‖ ‖ ⁞⁞	67 = 60 + 7
vierunddreißig				
achtundfünfzig				
neunundachtzig				
zweiundneunzig				
fünfundzwanzig				

②

Z	E
••	••••• •••

Wie heißt die Zahl? ____.

a) Simsala nimmt an der Einerstelle einen Einer weg.
   Die Zahl heißt ____.

b) Dann legt Bim an der Zehnerstelle drei dazu.
   Die Zahl heißt ____.

c) Zuletzt nimmt Eulalia an der Einerstelle 4 Einer weg und legt sie zu
   den Zehnern an der Zehnerstelle. Die Zahl heißt ____.

③ Vergleiche die Zahlen: ⓦ, ⓦ, ⓦ.

83 ◯ 38   67 ◯ 67   13 ◯ 31   91 ◯ 61   82 ◯ 28

36 ◯ 68   99 ◯ 39   55 ◯ 15   58 ◯ 58   10 ◯ 10

④ Ordne die Zahlen der Größe nach:
12, 87, 66, 50, 4, 78, 5, 27, 34, 43, 99, 59

——, ——, ——, ——, ——, ——, ——, ——, ——, ——, ——, ——

⑤ Nachbarzahlen

___ 35 ___   ___ 46 ___   ___ 58 ___   ___ 69 ___   ___ 89 ___

___ 70 ___   ___ 90 ___   ___ 50 ___   ___ 80 ___   ___ 100 ___

⑥ Bilde alle möglichen Zahlen:

Z	E		Z	E		Z	E		Z	E		Z	E		Z	E

① Mit Zehnern und Einern rechnen

40 + 50 = ___	20 + 30 = ___	50 − 20 = ___	90 − 10 = ___
40 + 5 = ___	20 + 3 = ___	50 − 2 = ___	90 − 1 = ___

10 + ___ = 40	30 + ___ = 90	70 − ___ = 20	90 − ___ = 50
10 + ___ = 13	30 + ___ = 36	70 − ___ = 65	90 − ___ = 86

② Plus und minus

6 + 8 = ___	7 + 5 = ___	15 − 9 = ___	17 − 8 = ___
26 + 8 = ___	37 + 5 = ___	45 − 9 = ___	27 − 8 = ___
26 + 18 = ___	37 + 25 = ___	45 − 39 = ___	27 − 18 = ___

③ Rechne auf deinem Weg.

a) 54 + 39 = ___   28 + 56 = ___   92 − 77 = ___

 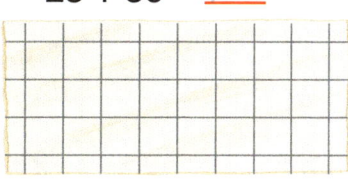 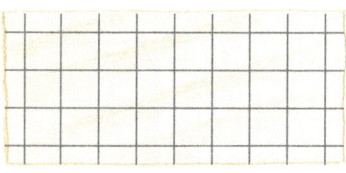

b) 36 + 37 = ___   76 − 18 = ___   95 − 78 = ___

 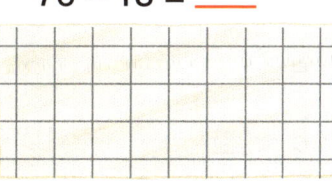 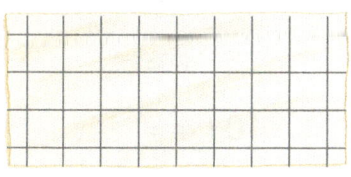

c) 17 + 54 = ___   72 − 57 = ___   81 − 24 = ___

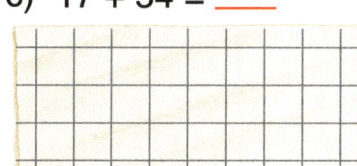 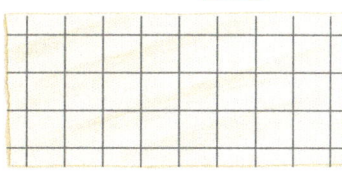 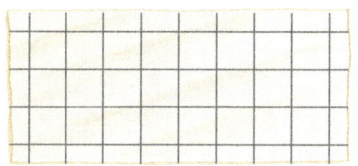

④ Rechne. Notiere Zwischenergebnisse auf einem Zettel.

a)	b)	c)
53 + 35 = ___	76 − 44 = ___	55 + 27 = ___
36 + 34 = ___	38 − 24 = ___	62 + 38 = ___
22 + 57 = ___	72 − 45 = ___	19 + 45 = ___
45 + 56 = ___	83 − 37 = ___	83 − 41 = ___
53 + 29 = ___	72 − 69 = ___	32 − 28 = ___
36 + 37 = ___	100 − 73 = ___	74 − 59 = ___

1 Finde beide Malaufgaben.

   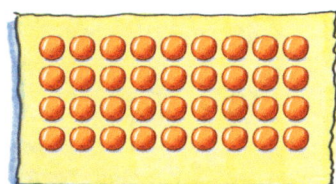

$4 \cdot 5 =$ _____   _____ $\cdot$ _____ $=$ _____   _____ $\cdot$ _____ $=$ _____   _____ $\cdot$ _____ $=$ _____

$5 \cdot 4 =$ _____   _____ $\cdot$ _____ $=$ _____   _____ $\cdot$ _____ $=$ _____   _____ $\cdot$ _____ $=$ _____

2 Rechne die Kernaufgaben.

$\cdot 2$
$1 \cdot 2 =$ _____
$2 \cdot 2 =$ _____
$5 \cdot 2 =$ _____
$10 \cdot 2 =$ _____

$\cdot 3$
$1 \cdot 3 =$ _____
$2 \cdot 3 =$ _____
$3 \cdot 3 =$ _____
$5 \cdot 3 =$ _____
$10 \cdot 3 =$ _____

$\cdot 5$
$1 \cdot 5 =$ _____
$2 \cdot 5 =$ _____
$5 \cdot 5 =$ _____
$10 \cdot 5 =$ _____

$\cdot 7$
$1 \cdot 7 =$ _____
$2 \cdot 7 =$ _____
$5 \cdot 7 =$ _____
$7 \cdot 7 =$ _____
$10 \cdot 7 =$ _____

$\cdot 4$
$1 \cdot 4 =$ _____
$2 \cdot 4 =$ _____
$4 \cdot 4 =$ _____
$5 \cdot 4 =$ _____
$10 \cdot 4 =$ _____

$\cdot 6$
$1 \cdot 6 =$ _____
$2 \cdot 6 =$ _____
$5 \cdot 6 =$ _____
$6 \cdot 6 =$ _____
$10 \cdot 6 =$ _____

$\cdot 8$
$1 \cdot 8 =$ _____
$2 \cdot 8 =$ _____
$5 \cdot 8 =$ _____
$8 \cdot 8 =$ _____
$10 \cdot 8 =$ _____

$\cdot 9$
$1 \cdot 9 =$ _____
$2 \cdot 9 =$ _____
$5 \cdot 9 =$ _____
$9 \cdot 9 =$ _____
$10 \cdot 9 =$ _____

3 Malaufgaben aus Kernaufgaben zusammenbauen.

$7 \cdot 6 =$ _____
$1 \cdot 6 =$ _____ $6 \cdot 6 =$ _____

$3 \cdot 9 =$ _____
$1 \cdot 9 =$ _____ $2 \cdot 9 =$ _____

_____ $\cdot 7 =$ _____
$7 \cdot 7 =$ _____ $2 \cdot 7 =$ _____

_____ $\cdot 3 =$ _____
$5 \cdot 3 =$ _____ $2 \cdot 3 =$ _____

_____ $\cdot 4 =$ _____
$5 \cdot 4 =$ _____ $4 \cdot 4 =$ _____

_____ $\cdot 8 =$ _____
$2 \cdot 8 =$ _____ $5 \cdot 8 =$ _____

4 Rechne zuerst die Kernaufgabe.

$5 \cdot 3 =$ _____ $8 \cdot 4 =$ _____ $10 \cdot 9 =$ _____ $7 \cdot 8 =$ _____

$6 \cdot 3 =$ _____ $9 \cdot 4 =$ _____ $9 \cdot 9 =$ _____ $8 \cdot 8 =$ _____

$7 \cdot 3 =$ _____ $10 \cdot 4 =$ _____ $9 \cdot 8 =$ _____ $9 \cdot 8 =$ _____

① Verteile und rechne.

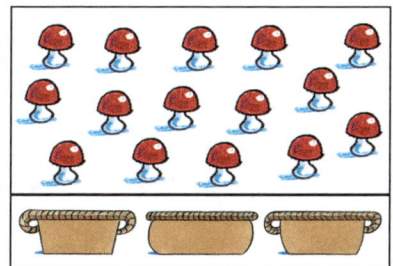

15 : ___ = ___   16 : ___ = ___   18 : ___ = ___

②

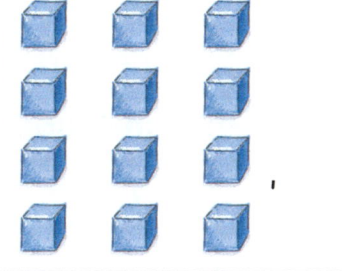

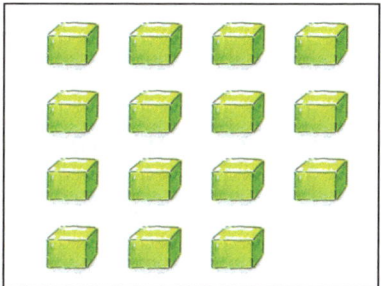

12 : 4 = ___   16 : 4 = ___   15 : 4 = ___ R ___

___ · 4 = 12   ___ · 4 = 16   ___ · 4 + ___ = ___

③ Teilen – die Malaufgabe hilft.

42 : 7 = ___   36 : 6 = ___   35 : 5 = ___

7 · ___ = 42   6 · 6 = 36   ___ · 5 = 35

40 : 8 = ___   45 : 5 = ___   49 : 7 = ___

8 · ___ = 40   ___ · 5 = ___   ___ · 7 = ___

④ Schreibe die Rechnungen auf.

Wie viele 6er-Gruppen können gebildet werden?   **Wie viele Bilder kannst du aufhängen?**   **Wie viele Sticker bekommt jedes Kind?**

_____   _____   _____

1 Mit welchen Münzen und Scheinen kannst du diese Beträge legen?

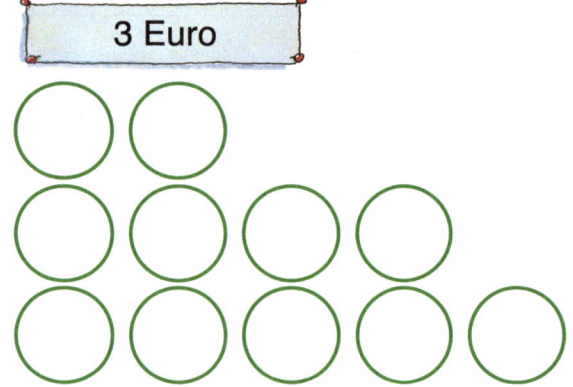

3 Euro

12 Euro

2 Rechne die Beträge um.

Preis in € mit Komma	1 €	10 ct	1 ct	Preis in € und ct
1,99 €	*1*	*9*	*9*	*1 € 99 ct*
0,54 €				
0,02 €				
7,05 €				

3 Berechne das Rückgeld.

Preis	gegeben	zurück
8,50 €	10 €	
19,80 €	20 €	

Preis	gegeben	zurück
12 €	100 €	
44,50 €	50 €	

4 Wie spät ist es? Schreibe beide Uhrzeiten auf.

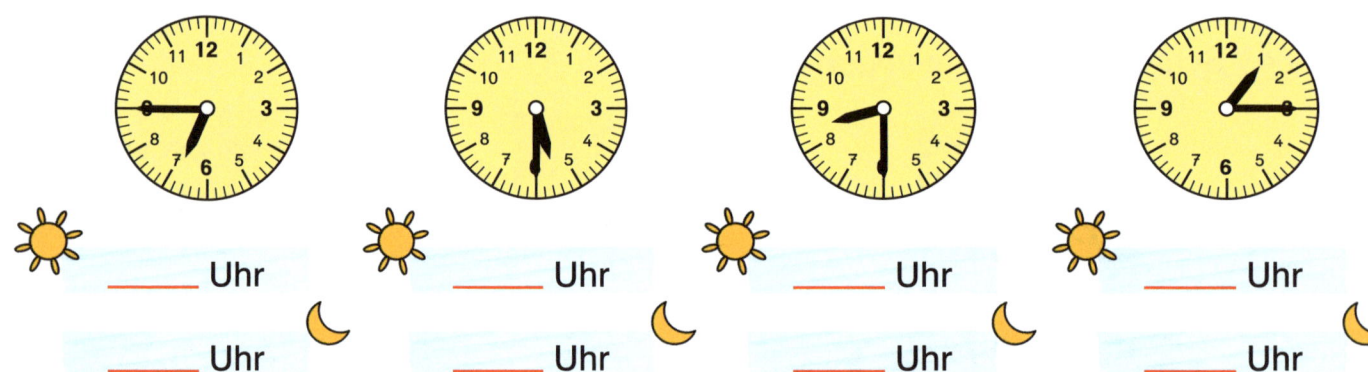

_____ Uhr   _____ Uhr   _____ Uhr   _____ Uhr

_____ Uhr   _____ Uhr   _____ Uhr   _____ Uhr

5 Wie viele Minuten dauert es bis zur nächsten vollen Stunde?

8.53 Uhr → + _7_ min → _____ Uhr   14.25 Uhr → + ___ min → _____ Uhr

18.24 Uhr → + ___ min → _____ Uhr   11.03 Uhr → + ___ min → _____ Uhr

6.29 Uhr → + ___ min → _____ Uhr   23.58 Uhr → + ___ min → _____ Uhr

① Schätze und verbinde.

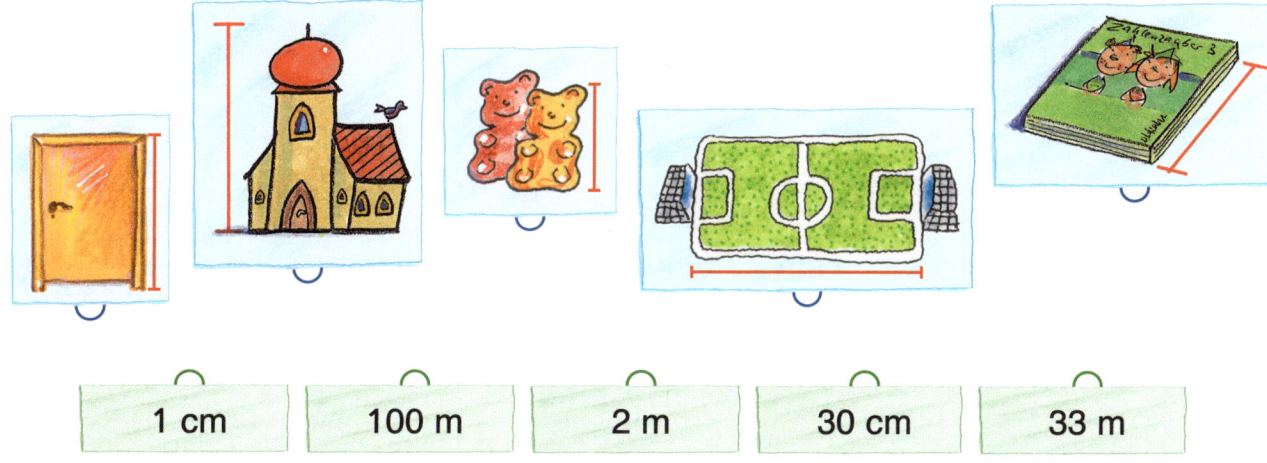

1 cm	100 m	2 m	30 cm	33 m

② Ergänze.

1 m = 40 cm + ___ cm   1 m = 70 cm + ___ cm   1 m = 25 cm + ___ cm

1 m = 49 cm + ___ cm   1 m = 84 cm + ___ cm   1 m = 98 cm + ___ cm

③ Wo befinden sich die Längenangaben am Lineal? Verbinde.

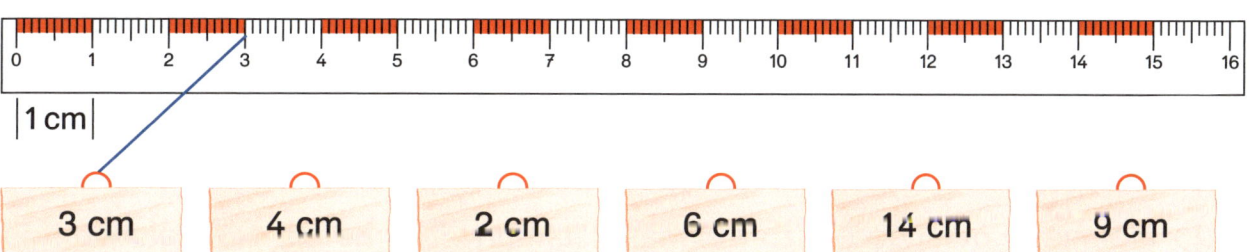

3 cm	4 cm	2 cm	6 cm	14 cm	9 cm

④ Zeichne die Strecken mit dem Lineal.

4 cm ├ ....

11 cm ├ ....

13 cm ├ ....

8 cm ├ ....

9 cm ├ ....

6 cm ├ ....

⑤ Schätze die Länge der Raupe vom Kopf bis zum Schwanzende.
Miss mit dem Lineal.

geschätzt	gemessen
___ cm	___ cm

1 a)

Wie viel kosten 4 Autos? ___ €

Was wäre, wenn ein Auto nur 3 € kosten würde?

Dann kosten 4 Autos ___ €.

b)

25 €   32 €

Was kostet alles zusammen? ___ €

Was wäre, wenn die Hose 10 € billiger wäre?

Dann kostet alles zusammen ___ €.

c)

68 €   100   100

Wie viel Euro bekommst du zurück? ___ €

Was wäre, wenn du nur 80 € hättest?

Rückgeld: ___ €

d)

Abfahrt   Ankunft

Wie viele Stunden waren die Fahrgäste unterwegs? ___ Stunden

Was wäre, wenn der Zug eine Stunde Verspätung hätte?

Der Zug käme um _____ an.

2 Welches Rätsel gehört zu welcher Rechnung? Färbe mit der gleichen Farbe.

Die Hälfte meiner Zahl heißt 20.

Wenn ich 17 von meiner Zahl abziehe, erhalte ich 35.

Ich zähle 17 zu meiner Zahl dazu, ziehe dann 5 ab und erhalte 35.

Wenn ich zum Doppelten meiner Zahl 10 dazuzähle, erhalte ich 24.

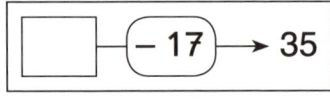

$\boxed{} \rightarrow \boxed{-17} \rightarrow 35$

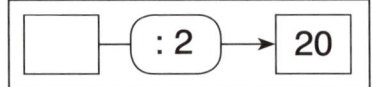

$\boxed{} \rightarrow \boxed{:2} \rightarrow \boxed{20}$

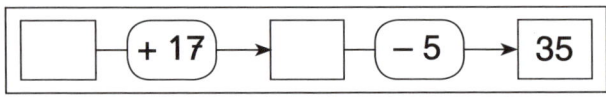

$\boxed{} \rightarrow \boxed{+17} \rightarrow \boxed{} \rightarrow \boxed{-5} \rightarrow \boxed{35}$

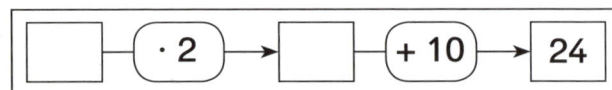

$\boxed{} \rightarrow \boxed{\cdot 2} \rightarrow \boxed{} \rightarrow \boxed{+10} \rightarrow \boxed{24}$

© Oldenbourg, Zahlenzauber 2 AH

1 Aus welchen Körpern sind die Bauwerke gebaut?
Trage in die Tabelle ein.

A 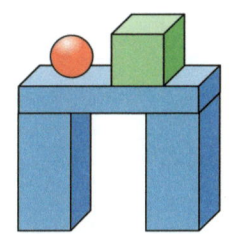   B    C

	🟠	🟩	🟦
A			
B			
C			

2 Aus wie vielen Würfeln bestehen diese Würfelgebäude?

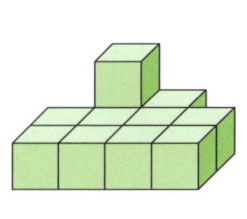      

___ Würfel   ___ Würfel   ___ Würfel

3 Welche Kamera hat welches Foto gemacht?
Trage ein.

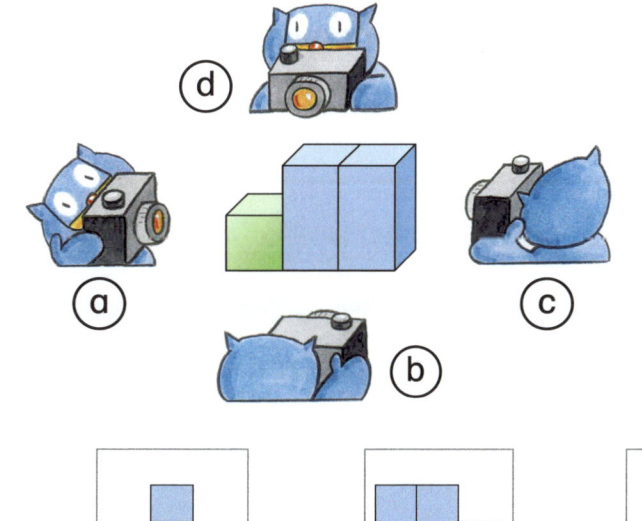

4 Setze die Muster fort.

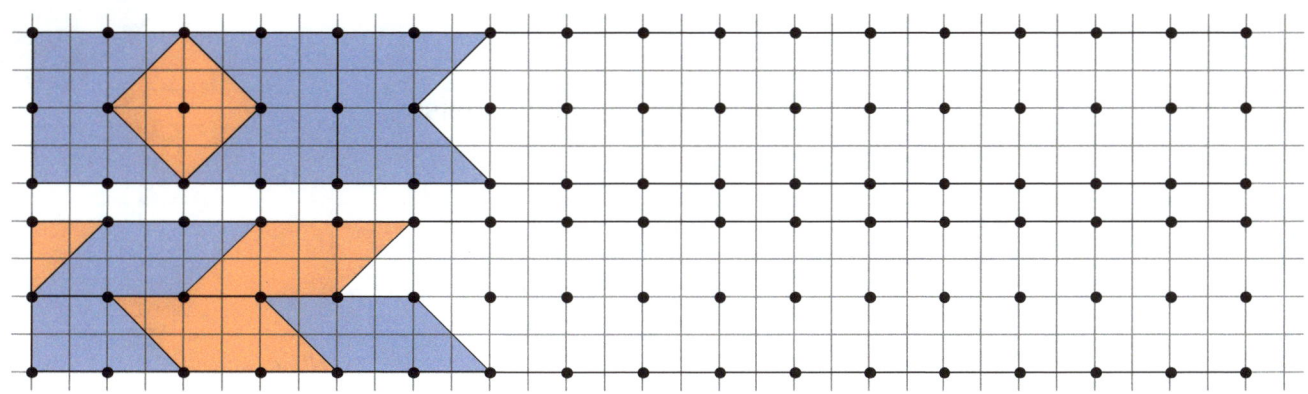

1 Umfrage: Mein Lieblingsgericht
Die Schüler einer Grundschule wurden zu ihrem Lieblingsessen befragt.
Hier ist das Ergebnis:

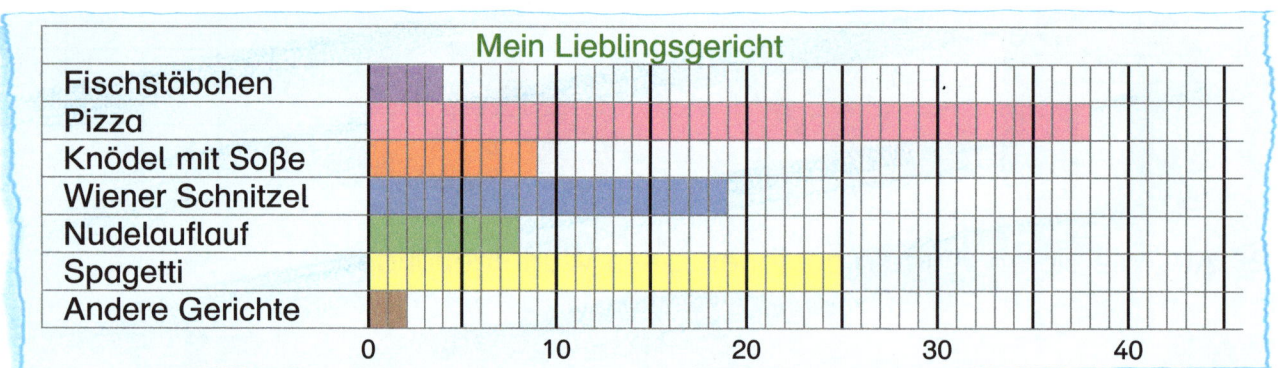

Mein Lieblingsgericht

Fischstäbchen					
Pizza					
Knödel mit Soße					
Wiener Schnitzel					
Nudelauflauf					
Spagetti					
Andere Gerichte					

0   10   20   30   40

a) Lies das Schaubild genau, rechne und ergänze.
Wie viele Kinder wurden insgesamt befragt?

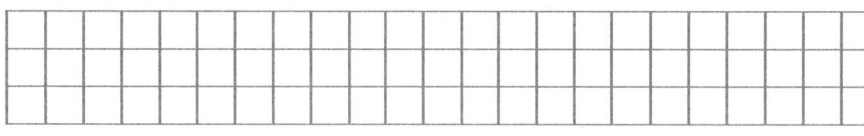

____ Kinder nahmen an der Umfrage teil.

Nenne das Lieblingsgericht der meisten Kinder: _____

Wie heißen die drei beliebtesten Gerichte?

b) Welche Aussagen stimmen? Kreuze an: ☒.

☐ Wiener Schnitzel wurde seltener als Lieblingsgericht genannt als Pizza.

☐ Nudelauflauf wurde häufig genannt.

☐ Weniger Kinder nannten Fischstäbchen als Knödel mit Soße.

☐ Mehr als die Hälfte aller Kinder haben als Lieblingsgericht Pizza oder
Spagetti angegeben.

2 Umfrage: Lieblingsnachspeise
72 Kinder wurden nach ihrer Lieblingsnachspeise befragt.
Erstelle ein Schaubild.

Meine Lieblingsnachspeise

Pudding (23)				
Eis (24)				
Obstsalat (8)				
Joghurt (5)				
Quarkspeise (12)				

0   10   20